职业技术·职业资格培训教材

手语翻译人员

主　编　王瑞兴　郭奕敏
编　者　赵伟时　林　岗　洪　泽
主　审　顾爱玉

高级

中国劳动社会保障出版社

图书在版编目(CIP)数据

手语翻译人员：高级/人力资源和社会保障部教材办公室等组织编写．—北京：中国劳动社会保障出版社，2015

1＋X职业技术·职业资格培训教材

ISBN 978-7-5167-1606-9

Ⅰ.①手… Ⅱ.①人… Ⅲ.①手势语-翻译-技术培训-教材 Ⅳ.①H026.3

中国版本图书馆CIP数据核字(2015)第018051号

中国劳动社会保障出版社出版发行

(北京市惠新东街1号 邮政编码：100029)

*

北京市艺辉印刷有限公司印刷装订 新华书店经销

787毫米×1092毫米 16开本 14印张 260千字

2015年1月第1版 2015年1月第1次印刷

定价：32.00元

读者服务部电话：(010) 64929211/64921644/84643933

发行部电话：(010) 64961894

出版社网址：http://www.class.com.cn

版权专有 侵权必究

如有印装差错，请与本社联系调换：(010) 80497374

我社将与版权执法机关配合，大力打击盗印、销售和使用盗版图书活动，敬请广大读者协助举报，经查实将给予举报者奖励。

举报电话：(010) 64954652

内 容 简 介

本教材由人力资源和社会保障部教材办公室、中国就业培训技术指导中心上海分中心、上海市职业技能鉴定中心依据上海1+X手语翻译人员（三级）职业技能鉴定细目组织编写。教材从强化培养操作技能，掌握实用技术的角度出发，较好地体现了当前最新的实用知识与操作技术，对于提高从业人员基本素质，掌握手语翻译人员（三级）的核心知识与技能有直接的帮助与指导作用。

本教材在编写中根据本职业的工作特点，以能力培养为根本出发点，采用模块化的编写方式。本教材内容共分为13章，主要包括：人，衣物、食品与生活用品，生活、工作与社会活动，哲学、伦理、心理与行为，事物的状态、性质与特点，民族、宗教与历史，政治与法律，国防与外交，文化、教育、体育与卫生，经济，数学、物理、化学与信息学，生物，天文与地理。

本教材可作为手语翻译人员（三级）职业技能培训与鉴定考核教材，也可供全国中、高等职业技术院校相关专业师生参考使用，以及本职业从业人员培训使用。

前　言

职业培训制度的积极推进，尤其是职业资格证书制度的推行，为广大劳动者系统地学习相关职业的知识和技能，提高就业能力、工作能力和职业转换能力提供了可能，同时也为企业选择适应生产需要的合格劳动者提供了依据。

随着我国科学技术的飞速发展和产业结构的不断调整，各种新兴职业应运而生，传统职业中也愈来愈多、愈来愈快地融进了各种新知识、新技术和新工艺。因此，加快培养合格的、适应现代化建设要求的高技能人才就显得尤为迫切。近年来，上海市在加快高技能人才建设方面进行了有益的探索，积累了丰富而宝贵的经验。为优化人力资源结构，加快高技能人才队伍建设，上海市人力资源和社会保障局在提升职业标准、完善技能鉴定方面做了积极的探索和尝试，推出了1＋X培训与鉴定模式。1＋X中的1代表国家职业标准，X是为适应经济发展的需要，对职业的部分知识和技能要求进行的扩充和更新。随着经济发展和技术进步，X将不断被赋予新的内涵，不断得到深化和提升。

上海市1＋X培训与鉴定模式，得到了国家人力资源和社会保障部的支持和肯定。为配合1＋X培训与鉴定的需要，人力资源和社会保障部教材办公室、中国就业培训技术指导中心上海分中心、上海市职业技能鉴定中心联合组织有关方面的专家、技术人员共同编写了职业技术·职业资格培训系列教材。

职业技术·职业资格培训教材严格按照1＋X鉴定考核细目进行编写，教材内容充分反映了当前从事职业活动所需要的核心知识与技能，较好地体现了适用性、先进性与前瞻性。聘请编写1＋X鉴定考核细目的专家，以及相关行业的专家参与教材的编审工作，保证了教材内容的科学性及其与鉴定考核细目以及题库的紧密衔接。

职业技术·职业资格培训教材突出了适应职业技能培训的特色，读者通过学习与培训，不仅有助于通过鉴定考核，而且能够有针对性地进行系统学习，真正掌握本职业的核心技术与操作技能，从而实现从懂得了什么到会做什么的飞跃。

职业技术·职业资格培训教材立足于国家职业标准，也可为全国其他省市开展新职业、新技术职业培训和鉴定考核，以及高技能人才培养提供借鉴或参考。

新教材的编写是一项探索性工作，由于时间紧迫，不足之处在所难免，欢迎各使用单位及个人对教材提出宝贵意见和建议，以便教材修订时补充更正。

人力资源和社会保障部教材办公室
中国就业培训技术指导中心上海分中心
上海市职业技能鉴定中心

目　录

- 第1章　人 ··· 1
  - 第1节　肢体、器官与称谓 ·································· 2
  - 第2节　职业与职称 ·· 7
- 第2章　衣物、食品与生活用品 ································ 15
- 第3章　生活、工作与社会活动 ································ 23
- 第4章　哲学、伦理、心理与行为 ···························· 37
  - 第1节　哲学与伦理 ··· 38
  - 第2节　心理与行为 ··· 53
- 第5章　事物的状态、性质与特点 ···························· 73
  - 第1节　事物的状态 ··· 74
  - 第2节　事物的性质与特点 ································ 85
- 第6章　民族、宗教与历史 ····································· 97
- 第7章　政治与法律 ·· 105
  - 第1节　国家与政治活动 ·································· 106
  - 第2节　行政管理与法律 ·································· 116
- 第8章　国防与外交 ·· 139
- 第9章　文化、教育、体育与卫生 ··························· 149
- 第10章　经济 ·· 163
- 第11章　数学、物理、化学与信息学 ······················ 183
- 第12章　生物 ·· 193
- 第13章　天文与地理 ··· 203

第 1 章

人

第 1 节　肢体、器官与称谓　／ 2
第 2 节　职业与职称　　　　／ 7

第1节 肢体、器官与称谓

 学习目标

掌握"肢体、器官与称谓"的基础手语动作

能够看懂"肢体、器官与称谓"的基础手语动作,并能传译成汉语

能够用手语进行"肢体、器官与称谓"的短文翻译;能够听口语,用手语同步翻译;并能传译成汉语

 技能要求

"肢体、器官与称谓"的基础手语动作共包括24个词语,详见表1—1。

表1—1   "肢体、器官与称谓"的基础手语动作

图示	说明
	神经 右手食指指尖自头部向耳、面颊、肩部下划,表示身体的神经脉络
(一) (二) (三)	血管 (一)一手打手指字母"H"的指式,摸一下嘴唇 (二)左手平伸;右手掌贴于左手背,然后向左手指尖方向移动 (三)右手食指指尖沿左手臂自上而下做曲线移动,表示血管
(一) (二)	别人 (一)一手食指指向侧方第三者 (二)双手食指搭成"人"字形
	宝贝 左手伸出拇指,手背向外;右手轻拍几下左手背

续表

图示	说明
(一) (二) (三)	新郎 (一) 左手横伸，手背向上；右手伸拇指从左手背上向外划动 (二) 双手伸拇指，虎口朝上，指尖相对，弯曲一下 (三) 一手直立，在头的一侧前后移动几下
(一) (二) (三)	新娘 (一) 左手横伸，手背向上；右手伸拇指从左手背上向外划动 (二) 双手伸拇指，虎口朝上，指尖相对，弯曲一下 (三) 右手拇指、食指捏一下耳垂
(一) (二)	公仆 (一) 双手拇指、食指搭成"公"字形 (二) 左臂屈肘；右手掌在左肘处摸一下
(一) (二)	恩人 (一) 左手伸拇指、小指，在前；右手拇指、食指成半圆形置于胸部，虎口向外，然后移向左手 (二) 双手食指搭成"人"字形
(一) (二)	标兵 (一) 左手食指直立；右手侧立，指向左手食指 (二) 右手横伸，掌心向下，置于前额，象征军帽帽檐
(一) (二)	先锋 (一) 左手伸拇指；右手伸食指敲一下左手拇指 (二) 双手平伸，五指分开，掌心向下，并排向前移动
(一) (二)	表率 (一) 右手拇指、食指张开，指尖朝内，在左胸向下划一下，表示佩戴的标志 (二) 左手伸拇指；右手侧立，指向左手拇指

续表

图示	说明
（一）　（二）	成员 （一）左手直立，五指张开；右手食指直立并靠向左手，左手五指同时撮合并拢 （二）右手拇指、食指捏成小圆圈贴于左胸部
（一）　（二）	会员 （一）双手直立，五指微曲，掌心相对，从两边向中间合拢 （二）右手拇指、食指捏成小圆圈贴于左胸部
（一）　（二）	主角 （一）一手伸拇指，置于胸部 （二）双手伸拇指、小指，前后交替转动几下
（一）　（二）	配角 （一）双手横立，掌心向内，五指张开，由两侧向中间移动并互相交叉夹住 （二）双手伸拇指、小指，前后交替转动几下
（一）　（二）	内行 （一）左手横立，掌心向内；右手食指直立，在左掌心内由上而下移动 （二）左手横伸，掌心向下；右手拍一下左手背再伸出拇指，表示技术好，引申为内行
（一）　（二）	外行 （一）左手横立，掌心向内；右手伸食指在左手背外向下指 （二）左手横伸，掌心向下；右手拍一下左手背再伸出小指，表示技术差，引申为外行
（一）　（二）	客户 （一）双手平伸，掌心向上，同时向一侧移动一下 （二）双手搭成"∧"形

续表

图示	说明
	债权人 （一）右手拇指、食指捏成小圆形，朝左肩上一压 （二）右手侧立，五指微曲，边向左做弧形移动边握拳 （三）双手食指搭成"人"字形
	盲流 （一）一手食指、中指直立并分开，贴于双眼部，双眼闭合，表示双目失明 （二）一手横伸，掌心向下，向一侧做波纹状移动
	强者 （一）双手握拳屈肘，同时向下用力一顿 （二）双手食指搭成"人"字形
	弱者 （一）左手横伸；右手伸拇指、小指，小指指尖抵于左手掌心上，并左右晃动 （二）双手食指搭成"人"字形
	灾民 （一）一手先打手指字母"Z"的指式，然后食指弯曲，小指向下一甩 （二）双手食指搭成"人"字形，并顺时针平行转动一圈
	难民 （一）一手食指指尖抵于太阳穴，并转动一下 （二）双手食指搭成"人"字形，并顺时针平行转动一圈

短文

1. 六一国际儿童节到来前夕，市工商、卫生监督执法人员开始对儿童食品市场进行为期10天的专项整顿，严防有损害儿童健康的食品出售。重点加强对饮料、奶制品、儿童营养保健食品、果冻食品、罐头食品、蔬菜、水果市场的巡查。

2. 为繁荣和发展残疾人特殊艺术，满足广大残疾人音乐爱好者对艺术的需要，打造特殊艺术品牌，上海市残疾人艺术团合唱团重新组建，面向社会招收残疾人声乐艺术爱好者，并委托社会专业机构及专业人士进行日常管理和培训，探索业余团队专业化管理和专业化培训的工作模式。为提升合唱团的演唱水平，合唱团聘请上海音乐学院研究生担任合唱队指挥，上海师范大学教师、钢琴演奏家担任钢琴伴奏，还先后邀请声乐界著名人士为合唱队辅导。多年来，合唱团的成长受到了社会各界的关注和支持，演出的歌舞节目广受国内外观众的好评。

课堂练习

一、会打、能看本节的词语和短文。

二、能听口语，用手语同步翻译短文。

珍惜公司财物

一位年轻人到一家大公司应聘。当他走进办公室时，看到门角有一张白纸，出于习惯，年轻人弯腰捡起白纸并把它交给了前台小姐。结果，在众多应聘者中，这位年轻人战胜了其他条件比他好的人，成了这家公司的正式员工。公司董事长在给他分配任务时说："其实门角那张白纸是我们故意放的，那是对所有应聘者的一个考验，但只有你通过了。只有懂得珍惜公司最细微的财物的员工，才能给公司创造财富。"这位年轻人后来果然为公司创造了巨大的经济效益。

这个应聘成功的案例告诉我们：职场中的竞争是激烈的，也是公平的，如果你不珍惜公司的财物，那么公司也不会珍惜你的价值，不要抱怨老板苛刻，也不要埋怨公司小气，要知道你的失败全是由你自己造成的。

三、能看手语，用口语同步翻译短文。

光辉的足迹

祖国母亲已经65周岁了，改革开放以来，时代在发展，祖国在变化，家乡在变迁。祖国母亲的发展，让我们的日子一天比一天幸福，一天比一天快乐，也一天比一天好。

我的家也变得宽阔了，有一间舒适的小卧室，有一间小书房供我学习，还有一个很大的阳台。现在国家提倡安装数字电视，基本上家家户户都安上了十分方便的数字电视。

我们的祖国变化很大，听爸爸说，他们上学的时候，教学设备很简陋，课桌是先用砖块搭上去，再把木板扣在上面，坐的椅子则是那种破旧的长凳。学校的操场是那种黄土地的，只要一下雨，就泥泞不堪，根本不能在操场上玩耍。我们现在坐的是新桌椅，用的是新课本，在宽敞明亮的教室里舒服地上课。学校的图书馆、计算机房、理化生实验室、健身房等一应俱全，操场和跑道也都是用塑胶铺成的……

看今朝，忆往昔，我发现祖国富裕了、进步了，再也不用受他国的欺负了！我们中国有上下五千年的光辉历史，我相信在不久的将来，我们将会变成世界的强国！

第 2 节 职业与职称

 学习目标

掌握"职业与职称"的基础手语动作

能够看懂"职业与职称"的基础手语动作，并能传译成汉语

能够用手语进行"职业与职称"的短文翻译；能够听口语，用手语同步翻译；并能传译成汉语

 技能要求

"职业与职称"的基础手语动作共包括21个词语，详见表1—2。

表1—2　　　　　　　　"职业与职称"的基础手语动作

图示	说明
（一）　（二）	编辑 （一）双手五指指尖朝下，一张一捏，上下交替动几下，如翻资料状 （二）右手如执笔写字状
（一）　（二）	商人 （一）双手横伸，掌心向上，在胸前前后交替转动 （二）双手食指搭成"人"字形

续表

图示	说明
（一） （二） （三）	经纪人 （一）双手拇指、食指捏成小圆形，前后相互转动 （二）一手打手指字母"J"的指式 （三）双手食指搭成"人"字形
	会计 右手伸拇指、食指、中指，指尖朝下，做打算盘动作
（一） （二）	武警 （一）双手伸拇指、食指，食指指尖相对，对戳一下 （二）右手食指微曲在上，拇指、中指捏成圆圈，置于额头，表示警帽的上檐和警徽
（一） （二）	刑警 （一）双手食指、中指搭成"开"字形，然后右手食指在左手旁书空"刂"形，仿"刑"字形 （二）右手食指微曲在上，拇指、中指捏成圆圈，置于额头，表示警帽的上檐和警徽
（一） （二）	秘书 （一）一手食指、中指直立并相叠，置于嘴部 （二）双手侧立，掌心先相合，再向两边打开
（一） （二）	总裁 （一）双手微曲，掌心向下，边向上移动边双手靠拢并撮合五指 （二）右手食指、中指并拢，指尖朝前挥动一下

续表

图示	说明
（一）　（二）	董事 （一）一手打手指字母"D"的指式 （二）一手食指、中指相叠，指尖朝上，打手指字母"X"的指式
（一）　（二）	皇帝 （一）左手中指、无名指、小指与右手食指搭成"王"字形，置于前额 （二）右手手腕贴前额，五指弯曲，指尖朝下，仿古代皇帝的头饰
（一）　（二）	皇后 （一）左手中指、无名指、小指与右手食指搭成"王"字形，置于前额 （二）双手伸拇指，手指相对，左手不动，右手拇指弯曲一下
（一）　（二）	首长 （一）一手打手指字母"SH"的指式 （二）右手伸拇指置于胸部
（一）　（二）	顾问 （一）一手打手指字母"G"和"U"的指式 （二）右手食指直立，从嘴部向外划动
（一）　（二）	部长 （一）一手打手指字母"B"的指式 （二）右手伸拇指置于胸部

图示	说明
（一）　（二）	领队 （一）左手伸拇指，在前；右手五指分开，掌心向下，在后；双手同时向前移动 （二）双手直立，五指张开，一前一后排成一列，象征队伍
（一）　（二）	领班 （一）左手伸拇指，在前；右手五指分开，掌心向下，在后；双手同时向前移动 （二）左手直立，五指张开，掌心向右；右手伸拇指贴于左手掌
（一）　（二）	警员 （一）右手食指微曲在上，拇指、中指捏成圆圈，置于额头，表示警帽的上檐和警徽 （二）右手拇指、食指捏成小圆圈贴于左胸部
（一）　（二）	警督 （一）右手食指微曲在上，拇指、中指捏成圆圈，置于额头，表示警帽的上檐和警徽 （二）一手打手指字母"D"的指式
（一）　（二）	将军 （一）右手拇指、食指捏成圆形置于左肩上，表示少将肩章上的一颗星；中将、上将分别用两颗、三颗星表示 （二）右手横伸，掌心向下，置于前额
（一）　（二）	参谋 （一）左手直立，掌心向右；右手伸拇指、小指，向左手靠拢 （二）左手横伸；右手伸拇指、食指、中指，食指、中指并拢，指尖朝下，在左手掌心上转动几下

续表

图示	说明
（一）　（二）	司令 （一）一手打手指字母"S"的指式 （二）右手食指、中指并拢，指尖朝前挥动一下

短文

1. 我们要高举爱国主义、社会主义的旗帜，加强全国各族人民的大团结，巩固和发展最广泛的爱国统一战线；加强同民主党派和无党派人士的团结，做好民族工作、宗教工作和侨务工作，坚持"一国两制"方针，调动一切积极因素，为完成祖国统一大业和实现中华民族的伟大复兴而共同奋斗。

2. 世界上有1.7亿智障人士。据悉，全世界已有150多个国家和地区开展了特奥运动。国际特奥会是由美国前总统约翰·菲茨杰拉德·肯尼迪的妹妹尤尼斯·肯尼迪·施莱佛于1968年创立的，特殊奥运会是为全世界的智障人士设立的运动会，每两年举行一次，夏季和冬季交替举行，迄今为止举办过13届夏季特奥会和10届冬季特奥会。参加特奥会的对象都是智商在70以下的智障人士。特奥会的口号是"人人都是参与者，人人都是胜利者"。颁奖从最后一名开始，人人有份，体现参与就是胜利的原则。

课堂练习

一、会打、能看本节的词语和短文。
二、能根据手语视频录像笔译成汉语。

让残疾儿童健康成长

全国助残日期间，重庆、浙江、山东等地采取各种措施关注残疾儿童，不仅帮助他们上学，还让他们在幸福和快乐中健康成长。

在重庆，一个为残疾儿童义务开办的春芽班今天上午开班了。班上的孩子只有两三岁，来自重庆农村的特困家庭，有严重的听觉障碍。春芽班不仅要为他们治病，还要对他们进行听和说的训练，让他们能够和健康孩子一样上学读书。

残疾儿童的教育问题一直受到社会各界的关心。记者今天从浙江省金华市有关部门了解到，金华市金东区从今年九月开始，对所有在义务教育阶段的残疾少年儿童实施免费教育，所需费用由当地财政负担。

除了给残疾儿童创造好的教育条件以外，越来越多的"牵手"活动还让孩子们感受到了同龄人带来的友情和快乐。近日，山东省一些中小学积极组织学生与残疾孩子做朋友。虽然大家以前不认识，但小朋友们在一起很快就熟悉起来了。

三、能听口语，用手语同步翻译短文。

家庭教育是孩子成长的关键

家庭教育是影响孩子成长的第一要素，爸爸妈妈是孩子最亲的人，是孩子的第一任老师，又是终生老师，他们对孩子的影响是全方位、最深刻、最持久的。就孩子入学这件事来说，爸爸妈妈对孩子上学的认识、感受和态度，将直接影响孩子学习生活的品质。为此，爸爸妈妈要关注自身素质的提高，要为孩子入学做好准备，陪伴孩子一起成长。现在就这一话题和年轻的爸爸妈妈们进行一下交流。

1. 孩子上学是家庭的大事、喜事

孩子上小学是他们一生成长中有着特殊意义的大事、喜事。上小学标志着孩子将开始系统的学习生活。他们将在知识的海洋中遨游，他们将像海绵一样吸收人类的精神财富，他们将在漫长的学习过程中渐渐长大。上学对孩子的身心发展有着重要意义。为此，爸爸妈妈需要营造喜庆的家庭气氛，与孩子一起庆祝这一大事、喜事，为孩子的成长高兴，为他们将成为小学生而祝福。全家人的庆贺，亲人们的期盼与祝愿，这一切将在孩子心里留下美好的记忆。它们会激发孩子上学的兴趣。

2. 帮助孩子跨越心理上的陡坡

孩子从幼儿园到小学的过程中会遇到许多困难和苦恼。成年人一般很难想象从幼儿园跨入小学这两者之间的坡度有多大。

幼儿期与童年期是儿童的两个不同发展阶段，它们有着不同的年龄特点与发展任务。其最大的不同表现在生活的主要活动发生了变化。幼儿期是以游戏为主要活动，而小学童年期则以学习为主要活动。简单地说，幼儿以玩为主，小学生以学习为主，两者之间有着天壤之别。昨天，他们还在幼儿园无忧无虑地玩耍，今天他们就要变成一个遵守纪律、认真听讲、努力学习的好学生，回家后还有一堆作业在等着他们。

但是，刚入学的孩子，他们的思维还是以具体形象为主，心理活动的有意性水平较低，还是以无意性占主导地位。他们的自控能力还较差。这些心理特点相对完成小学生的学习任务而言差距是巨大的，这也正是初入学儿童所面临的困难与苦恼。爸爸妈妈，你们能感受到孩子们的苦恼与无奈吗？你们能体会到孩子上学的不容易吗？所以说，这些幼小的学童可真了不起啊！爸爸妈妈只有有了这种感受才能充满爱心，很有耐心地去理解、懂得孩子，努力走进他们的心灵，去鼓励支持，帮助他们迈好入学第一步。

四、能看手语，用口语同步翻译短文。

顽强拼搏　自强不息

残疾，是人生的一种缺憾，但这并不构成人性的差异、奋斗精神的差异、为人类做贡献的差异。古今中外，无数伤残人士可歌可泣的事迹告诉我们，残疾人完全可以根据自己和社会的需要，经过自己的选择和实践，创造他们自己的人生价值。不仅如此，他们在战胜厄运、创造奇迹的过程中，展示了人类文明的力量和人性的光辉，为人类做出了独特的贡献。

在这次受表彰的自强模范中，有为国家科技进步和科技创新做出重大贡献的专家、学者和科技人员，有熟悉市场经济规律和现代经营管理科学的企业家和企业经营管理人员，有在平凡的岗位上无私奉献、建功立业的普通工人、农民、教师、警察、医生和城乡基层工作者，有在国际赛场和国际艺术舞台上用勇气、力量和美感动世界的残疾人运动员和艺术家……

虽然，他们中有的人终生不见光明，可心中永远照耀着灿烂的阳光；虽然，他们中有的人终生不闻声音，可心房始终回响着美妙的音符；虽然，他们中有的人终生不能言谈，可思想超越语言；虽然，他们中有的人终生难以行走，可精神始终引领着前进的步伐！他们是自强不息的楷模，他们是顽强拼搏的英雄，他们是勇于创新的先锋。他们因历经磨难而更加执着，他们因饱尝艰辛而更加坚强。

第 2 章

衣物、食品与生活用品

手语翻译人员（高级）

 学习目标

掌握"衣物、食品与生活用品"的基础手语动作

能够看懂"衣物、食品与生活用品"的基础手语动作，并能传译成汉语

能够用手语进行"衣物、食品与生活用品"的短文翻译；能够听口语，用手语同步翻译；并能传译成汉语

 技能要求

"衣物、食品与生活用品"的基础手语动作共包括20个词语，详见表2—1。

表2—1　　　　　　"衣物、食品与生活用品"的基础手语动作

图示	说明
	背心 双手直立，手背相对，贴于两肩并向下划一弧线，如背心形状
（一）（二）	坎肩 （一）双手直立，手背相对，贴于两肩并向下划一弧线，如背心形状 （二）双手掌心贴胸，向下移至腹部变掌心向上，然后向左右横划
（一）（二）	汗衫 （一）一手五指分开，自额头向面颊部一抹，如流汗状 （二）右手横伸，掌心向上，划一下左臂，表示汗衫的短袖
	旗袍 一手打手指字母"Q"的指式，由领口向下移至腰部，如旗袍的外形

衣物、食品与生活用品

续表

图示	说明
	拖鞋 （一）双手食指、中指搭成"×"形，手背向上，然后向两侧微微拉一下 （二）左手五指微曲，掌心向下；右手五指并拢，掌心向下插入左手，如穿鞋状
	高跟鞋 双手向前下方斜伸，食指、中指、无名指、小指指尖朝前并拢，拇指指尖朝下，然后双手交替向前移动，模仿穿高跟鞋走动状
	靴子 左手五指微曲，掌心向下；右手五指并拢插入左手掌心，然后向上在左手臂部划一横线
	手镯 左手握拳屈肘；右手拇指、食指张开置于左手腕上，并微微转动几下
	洗涤剂 （一）双手模仿洗衣服的动作 （二）一手虎口朝斜下方，五指做从瓶子中挤液体的动作
	手电筒 右手如按手电筒状；左手五指撮合置于右手前，然后向前放开五指

17

图示	说明
(一) (二) (三)	换气扇 (一)双手食指直立,然后交叉互换位置 (二)一手打手指字母"Q"的指式,指尖朝内置于鼻孔处 (三)一手掌心向外,五指分开,转动几下
	吹风机 一手拇指、食指成"⌐"形,食指指尖在眉梢与耳朵之间来回移动,同时嘴做吹风状
(一) (二) (三)	吸尘器 (一)一手五指张开,指尖朝下,边向上移动边收拢五指 (二)一手拇指、食指、中指指尖朝下互相捻动几下 (三)双手五指弯曲,食指、中指、无名指、小指关节交错相触,并转动几下
	熨斗 左手横伸;右手虚握,在左手掌心上来回移动,如熨衣服状
(一) (二) (三)	加湿器 (一)左手侧立;右手拇指、食指捏成小圆圈,贴向左手掌心 (二)一手拇指与其他四指相对,指尖朝前,并捏动几下 (三)双手五指弯曲,食指、中指、无名指、小指关节交错相触,并转动几下
(一) (二)	音响 (一)一手食指直立,在耳边左右移动几下 (二)双手五指撮合置于胸前,向前放开五指,表示播放音乐

续表

图示	说明
（一）　（二）	台历 （一）双手平伸，掌心向下，从中间向左右平移，再折向下移，成"⌐¬"形 （二）左手横伸，食指、中指弯曲，手背向上；右手平伸，掌心向上，先置于左手右边，然后向左边做翻页动作
（一）　（二）	挂历 （一）一手食指弯成"钩"状，然后向上做挂物动作 （二）双手直立，手掌相贴，然后右手向上做翻动动作
	台灯 左手食指直立抵于右手手腕部；右手五指先撮合，再朝下放开
	闪光灯 右手食指弯曲，放于眼前；左手五指撮合，指尖朝外，置于头侧，然后右手食指做按快门动作，左手五指随之张开

短文

1. 我国餐饮浪费包括其他方面的浪费现象触目惊心、令人痛心！究其原因，公款吃喝、商务宴请和居民家庭食物浪费日益严重，饮食消费观念不当、公款消费缺乏监督等是重要原因。广大干部群众对餐饮浪费等各种浪费行为特别是公款浪费行为反映强烈。勤俭是我们的传家宝，什么时候都不能丢掉。要大力弘扬中华民族勤俭节约的优秀传统，大力宣传节约光荣、浪费可耻的思想观念，努力使提倡节约、反对浪费在全社会蔚然成风。

2. 提高残疾人就业层次和质量。落实残疾人就业和保障政策。深化残疾人"培训就业一体化"项目，开发并实施培训与就业衔接岗位试点。搭建残疾人见习和实训工作平台，增强残疾人岗位适应性。着力促进高校残疾人毕业生就业，力争就业率达到95%。配合市公务员局做好机关事业单位招录残疾人工作。探索残疾人在电子商务领域创业模式，帮助残疾人实现居家就业。继续加强"阳光基地"规范化建设管理,持续推进"阳光基地"劳动项目储备。进一步规范盲人保健按摩行业管理,研究推进盲人医疗按摩人员就业,探索建立盲人医疗按摩人员实训基地。

课堂练习

一、会打、能看本节的词语和短文。

二、能根据手语视频录像笔译成汉语。

特殊教育取得显著进步

记者从全国扶助贫困残疾人工作会议上了解到,我国把特殊教育纳入整个教育发展的规划中,特别把残疾儿童少年教育纳入义务教育体系。许多地方在普通幼儿园进行了残疾幼儿教育的实验;在特殊教育学校设立学前教育班,对学龄前残疾儿童进行康复和教育。同时,残疾人的中等和高等教育也有了较快的发展。全国已经有二百多所特殊教育学校设立了职业高中或中专班、普通高中班。同时,又有长春大学、北京联合大学等十余所高校建立了特教学院或者特教专业。我国特殊教育的体系已经基本形成。

为进一步完善这一体系,教育部决定,对现有的特殊教育学校改、扩建工作纳入当地中小学布局总体规划。并且要求在改、扩建时要体现"以人为本"。此外,各地还要结合实际,根据各区县需要建设特教学校,让所有残疾儿童都有书读。

三、能听口语,用手语同步翻译短文。

我的就业故事

我是一个不愿意"循规蹈矩"的人,读大学期间,卖过电话卡、卖过大学新生急需的生活日用品,还开过餐馆……虽然都很"短",但不仅赚了钱,还让我对创业有了越来越深的感情。我把创业视为最"神圣"的就业,除了养活自己,还能以提供工作岗位的方式,为社会做贡献。

五年前,我来到上海海洋大学攻读硕士研究生,一边学习,一边四处寻觅合适的创业方向。我的表哥、表嫂有丰富的创业经验,他们建议,寻找合适的创业方向,要体现"错位竞争",但同时也不能离开城市发展的需求,既然我在上海,就要搞清楚上海要大力发展的是哪些行业。

但我除了确信要找一个和自己专业相关的创业方向之外,并没有更具体的计划。2007年的一天,我在图书馆的报刊阅览室偶然翻到一张报纸,上面写着,农业部正在全国范围内推进实施"无公害食品行动计划"。我顿时眼前一亮,这不正是我导师的研究方向吗?农业在上海的比重不大,相对来说竞争就不会很激烈,而服务业又是上海重点发展的领域。多年磨炼出的"商业直觉"告诉我,如果走"农业服务"路线,很可能有戏。

我马上与导师、校长交流了想法:成立一个帮助农民实现无公害生产的农业技术服务公司，帮农民增收，又确保消费者吃得放心。这个想法得到了他们的大力支持。接下来的一年，我们走访了50家无公害生产企业，参加了3次农业展览会，4次食品安全学术会议，发放2 000份市场调研表，结果证明计划可行。在上海市大学生科技创业基金会基金的扶持下，我的公司——上海齐民信息科技有限公司在2008年初正式注册成立。

我希望公司能够在无公害农产品的生产和消费方面发挥一定引导作用。一家浙江的茶叶公司经过我们指导，在上海豫园举办的"茶文化节"上推出了"无公害茶叶"，一周销售额高达10万元，给我们的创业团队很大信心。

最初促成我创业的那份报纸，至今仍被我收藏在办公室里。我觉得，一个有抱负的创业者，一定要从时代需求中寻找适合于自己的创业方向，多年的实践告诉我："创业不能远离大时代。"

四、能看手语，用口语同步翻译短文。

珍 惜 时 间

对于一个普通的上班职员来说，每天都要浪费一定的时间坐公交车，这是不可避免的事情，但是，珍妮却不这样认为。珍妮是一家外贸公司的普通职员，每天到公司上班都要花半小时的乘车时间，而这段时间里却无事可做。这样太浪费了，一天半小时，十天就是五小时。珍妮决定改变这种情况。每天一上车，珍妮就拿出法语词汇表，在这短短的半小时内记一些单词和句子，从不间断。

三年之后，珍妮已经可以顺利地进行法文阅读了。真令人惊讶，就在乘车过程中，她掌握了一门外语。

时间的安排果然重要，珍妮就是对时间进行了巧妙的安排，所以在其他人认为没用的时间里学习了外语。所有的成功人士都是安排时间的高手，成功与失败的界限就在于如何分配时间。因此，如果你想在事业上获得成功，那么必须学会安排好自己的时间，使时间得到最有效的利用。

第 3 章

生活、工作与社会活动

学习目标

掌握"生活、工作与社会活动"的基础手语动作

能够看懂"生活、工作与社会活动"的基础手语动作,并能传译成汉语

能够用手语进行"生活、工作与社会活动"的短文翻译;能够听口语,用手语同步翻译;并能传译成汉语

 技能要求

"生活、工作与社会活动"的基础手语动作共包括61个词语,详见表3—1。

表3—1　　　　　　　"生活、工作与社会活动"的基础手语动作

图示	说明
（一）　（二）	聚居 （一）双手直立,五指微曲,掌心相对,从两侧向中间合拢 （二）双手搭成"∧"形,向下移动一下
（一）　（二）	定居 （一）一手食指直立,向下挥动一下 （二）双手搭成"∧"形,向下移动一下
（一）　（二）	分居 （一）双手伸出拇指、小指,先靠在一起,然后转腕向两侧分开移动 （二）双手搭成"∧"形,向下移动一下
（一）　（二）	恩爱 （一）左手伸拇指、小指;右手拇指、食指张开,虎口朝外,先置于胸部,然后移向左手,象征对人一片真心 （二）左手伸拇指;右手轻轻抚摸左手拇指指背,表示怜爱的感情

续表

图示	说明
（一）（二）	亲爱 （一）双手横立，左手在前不动，右手向前贴向左手 （二）左手伸拇指；右手轻轻抚摸左手拇指指背，表示怜爱的感情
（一）（二）	溺爱 （一）一手打手指字母"N"的指式 （二）左手伸拇指；右手轻轻抚摸左手拇指指背，表示怜爱的感情
（一）（二）	宠爱 （一）左手伸拇指贴于胸部；右手轻轻抚摸左手手背，同时面带和谐表情 （二）左手伸拇指；右手轻轻抚摸左手拇指指背，表示怜爱的感情
（一）（二）	抚养 （一）左手伸拇指；右手轻轻抚摸左手拇指指背，同时面露怜爱的情感 （二）左手食指直立；右手五指撮合，掌心向上，边向左手食指移动边张开手指，表示喂养之意
（一）（二）	赡养（供养） （一）双手平伸，掌心向上，同时向前伸出 （二）左手食指直立；右手五指撮合，掌心向上，边向左手食指移动边张开手指，表示喂养之意
（一）（二）	消遣 （一）一手五指张开，掌心向内，贴于胸部轻轻转动，脸露笑容 （二）双手交叉贴于胸部，表示休息之意

25

续表

图示	说明
（一）　（二）	消磨 （一）双手五指成"[ ]"状，再缓缓捏合 （二）左手横伸；右手握拳在左手掌心上转动几下
（一）　（二）	温柔 （一）双手横伸，掌心向上，自腰部缓慢上移，象征温暖 （二）右手拇指、食指捏住左手食指，轻轻扳动几下，左手食指随之弯曲，表示柔软
（一）　（二）	贴心 （一）双手横立，左手在前不动，右手向前贴向左手 （二）双手拇指、食指搭成"♡"形，置于胸部
（一）　（二）	当面 （一）双手食指直立，一前一后，前边的食指不动，后边的食指朝前边的食指移动 （二）一手手掌轻贴一下脸颊
（一）　（二）	玩笑 （一）双手伸拇指、小指，顺时针平行交替转动几下 （二）一手拇指、食指张开，指尖抵于下颌，面露笑容
（一）　（二）	美发 （一）一手伸拇指、食指、中指，食指、中指先置于鼻部，然后下移并收回，伸出拇指 （二）双手食指、中指分开，在头上做卷发动作

续表

图示	说明
(一) (二)	美容 (一) 一手伸拇指、食指、中指，食指、中指先置于鼻部，然后下移并收回，伸出拇指 (二) 双手贴于脸颊，做按摩动作
(一) (二)	菜谱 (一) 一手五指撮合，指尖朝上，然后向上伸出并放开五指 (二) 左手横伸，掌心向上；右手中指、无名指、小指在左手掌心上从上向下点几下
(一) (二)	层次 (一) 左手直立，掌心向右；右手五指成"]"形，指尖抵于左手掌心，并一顿一顿向上移动 (二) 一手打手指字母"C"的指式
(一) (二)	地位 (一) 一手食指朝下一指 (二) 左手横伸；右手伸出拇指置于左手掌心上
(一) (二)	功夫 (一) 左手食指、中指与右手食指先搭成"工"字形，然后右手食指在左手旁书空"力"字，仿"功"字形 (二) 左手食指、中指横伸并分开；右手食指在左手食指、中指上书空"人"字，仿"夫"字形
(一) (二)	名声 (一) 左手中指、无名指、小指横伸；右手食指尖自左手中指指尖向下划动 (二) 一手食指耳部，并左右移动两下象征声音

图示	说明
（一） （二）	名望 （一）左手中指、无名指、小指横伸；右手食指指尖自左手中指指尖向下划动 （二）左手横伸；右手伸出拇指置于左手掌心上，左手向上一抬
（一） （二）	名利 （一）左手中指、无名指、小指横伸；右手食指指尖自左手中指指尖向下划动 （二）一手打手指字母"L"的指式
（一） （二）	功劳 （一）左手食指、中指与右手食指先搭成"工"字形，然后右手食指在左手旁书空"力"字，仿"功"字形 （二）右手握拳捶一下左臂
（一） （二）	称职 （一）双手横立，从两侧向中间移动并相叠，表示符合之意 （二）一手打手指字母"ZH"的指式
（一） （二）	尽力（竭力） （一）双手掌先贴于胸部，然后向前伸出 （二）一手握拳屈肘，向内用力弯动一下
（一） （二）	项目 （一）左手直立，五指张开，掌心向内；右手五指并拢，在左手五指间处各切入一下 （二）左手横立，五指分开；右手拇指、食指分开约 2 cm，由左手拇指处向右划动一下

续表

图示	说明
（一）　（二）	课题 （一）双手侧立，掌心相合，然后打开 （二）左手横立，五指分开；右手拇指、食指张开约 2 cm，自左手拇指旁向右移动一下
（一）　（二）	科研 （一）一手打手指字母"K"的指式 （二）左手横伸；右手伸拇指、食指、中指，食指、中指并拢，指尖在左手掌心上微转几下
（一）　（二）	本职 （一）一手打手指字母"B"的指式 （二）一手打手指字母"ZH"的指式
（一）　（二）	兼职 （一）右手先拍一下右肩，再拍一下左肩，象征负责多项工作 （二）一手打手指字母"ZH"的指式
（一）　（二）	业余 （一）右手食指、中指、无名指、小指直立分开；左手食指横于右手四指根部，仿"业"字形 （二）左手横立，掌心向内；右手拍一下左手手背然后向外移动
（一）　（二）	推荐 （一）左手伸出拇指；右手五指并拢，指尖抵于左手拇指指背，向前一推 （二）左手拇指、食指与右手食指、中指搭成"介"字形，并前后移动两下

生活、工作与社会活动

29

续表

图示	说明
（一）　　　（二）	常规 （一）一手食指、中指直立并拢，掌心向外，向太阳穴处碰一下 （二）右手横立，自外向内一顿一顿移动几下
	采纳 双手掌心向下，五指张开，指尖朝前，然后边向后移动边撮合五指
（一）　　　（二）	招收 （一）一手掌心向下，向内挥动几下 （二）双手平伸，掌心向上，自外向内边移动边握拳
（一）　　　（二）	聘请 （一）左手平伸；右手伸拇指、小指，小指指尖抵于左手掌心上，然后双手同时由外向内移动 （二）双手平伸，掌心向上，向一侧移动一下
（一）　　　（二）	公出（出差） （一）双手拇指、食指搭成"公"字形 （二）一手伸拇指、小指，指尖朝前，由内向外移动
（一）　　　（二）	操心 （一）左臂屈肘，右手五指先撮合置于左肘内侧，然后用力往外一挥并放开五指，表示付出很多力气 （二）双手拇指、食指搭成"♡"形，置于胸部

续表

图示	说明
（一） （二）	舆论 （一）双手中指、无名指、小指搭成三个"人"字形，并顺时针转一圈 （二）一手打手指字母"L"的指式，平行转动两下
（一） （二）	气氛 （一）一手拇指、食指、中指相捏，指尖朝上，置于鼻孔处 （二）一手打手指字母"F"的指式，在胸前顺时针转一圈
（一） （二）	背景 （一）左手直立，手背向外；右手食指一下左手背 （二）一手五指张开，掌心向内，在面前上下转一圈，象征景象
（一） （二）	礼节（礼仪） （一）一手食指先直立，再向下弯动一下 （二）右手直立，掌心向左，一顿一顿移动几下
（一） （二）	拜托 （一）双手抱拳，前后微动几下 （二）双手平伸，掌心向上，向前伸出
（一） （二）	委托 （一）右手拍一下左肩 （二）双手平伸，掌心向上，向前伸出

图示	说明
（一）　（二）	赔礼 （一）左手横伸；右手五指撮合，从衣袋处移至左手掌心 （二）一手食指先直立，再向下弯动一下
（一）　（二）	慰问（问候） （一）左手伸出拇指；右手轻拍几下左手拇指背 （二）一手食指直立，自嘴前向外移动一下
（一）　（二）	请柬 （一）双手平伸，掌心向上，往一侧移动一下 （二）双手平伸，掌心相贴，然后右手做打开动作
	醉 一手打手指字母"J"的指式，置于前额并转动几下，如喝醉了酒
（一）　（二）	救济 （一）右手横伸；左手伸出拇指、小指，平放于右手掌心，然后右手将左手托起 （二）双手平伸，掌心向上，向前伸出
（一）　（二）	命运 （一）右手掌捂在心口部位 （二）一手打手指字母"Y"的指式

续表

图示	说明
（一）　（二）	酬谢 （一）一手拇指、食指捏成小圆圈，向前微伸 （二）一手伸拇指，弯曲两下
（一）　（二）	会见（接见） （一）双手伸出拇指、小指，指尖相对，从两侧向中间移动，表示两个人会见 （二）双手食指、中指微曲，指尖相对，从两侧向中间移动，表示双方目光相接
（一）　（二）	揭晓 （一）左手成半圆形，虎口朝上；右手横伸，掌心向下先覆盖在左手上，然后向外揭开 （二）双手拇指、食指先搭成"公"字形，然后向两侧移动
	捐献 双手手掌先贴于腰部，然后平伸，掌心向上，向前移动，表示将所有的钱物捐出
（一）　（二）	送别（送行） （一）双手平伸，掌心向上，向外移动，表示送客 （二）一手上举，五指微曲，向前挥动两下
（一）　（二）	告别 （一）一手五指撮合，指尖朝前，置于嘴部，然后向前移动并张开五指 （二）双手伸出拇指、小指，先靠在一起，然后向两侧分开

图示	说明
（一） （二）	讣告 （一）一手伸出拇指、小指，手背向下，然后手腕向右一转，象征人故世 （二）一手五指撮合，指尖朝前，置于嘴部，然后向前移动并张开五指
	默哀 一手伸出拇指、小指，手背向下，置于胸前，同时表情严肃地低下头
	火化 左手伸出拇指、小指，手背向下不动；右手五指微曲张开，指尖朝上，在左手下上下动几下

短文

1. 一个人的社会简历中有了一次较大的失败并不耻辱，反而作为一种智慧和资格更容易受到各大公司的雇用。因为很多公司都相信，只有学习过失败这门课程，人们的毅力才会更顽强，经验才会更丰富，处理事情才会更成熟。

所以，当我们面对失败时，不要抱怨，应该感谢；不要灰心丧气，应该更加努力。纵观历史长河，几乎所有成功者的背后都隐藏着数不清的失败。

2. 每年的"援助月"期间，上海市人力资源和社会保障局与上海市残疾人联合会都会联合组织开展"残疾人就业援助"活动。邀请多名资深劳动就业专家、残疾人职业指导专家、心理辅导专家及培训师为即将毕业的残疾人大学生授课，帮助他们认清就业形势，提高求职技巧，做好职业规划。培训活动中，区县的职业指导师、劳动就业服务机构工作者还与每一位应届残疾人大学生结成对子，开展一对一个性化的长期职业指导，在残疾人大学生自身努力寻找工作的同时，帮助他们提供更多的职前辅导和求职机会。

课堂练习

一、会打、能看本节的词语和短文。

二、能根据手语视频录像笔译成汉语。

《残疾人保障法》的指导思想

《残疾人保障法》立法指导思想有三个：一是维护残疾人的合法权益。这是制定本法的重要目的，也是本法的主要内容。对残疾人享有的合法权益通过专门的立法加以保护，这是由残疾人的特殊性和特别困难的状况决定的。通过立法保障残疾人的合法权益是国家和社会的责任。二是发展残疾人事业。残疾人事业是为残疾人服务，解决残疾人问题，改善残疾人状况，促进残疾人"平等、参与、共享"的综合性社会事业。残疾人事业内容丰富，影响面广，包括康复、教育、劳动就业、文化、体育、福利、环境和残疾人组织的建设，业务渗透各领域。本法是权益保护法与事业促进法的结合，既保护残疾人的权益，又指导残疾人事业的发展；通过发展残疾人事业，保护残疾人权益，改善残疾人状况。三是促进残疾人平等充分地参与社会生活，共享社会物质文化成果。这是制定本法的根本目的，也是残疾人事业的崇高目标。具体说就是保障残疾人的权利，尊重残疾人的价值，发挥残疾人的能力，使他们以平等的权利、均等的机会，充分参与社会生活，共享社会物质文化成果。

三、能听口语，用手语同步翻译短文。

做一个新形势下的合格党员

我在鲜红的党旗下举起右手向党宣誓已有37年了。每逢党的生日，作为一名共产党员，我总要认真反思一下："自己党龄长了一岁，党性是否长了一分。"平时，我也经常会想一想，个人的一言一行、一举一动是否符合"新形势下合格的共产党员"的标准，这是非常必要而有意义的。

怎样才能称得上"新形势下合格的共产党员"？结合我所在的医疗卫生行业的特点，我认为首先要做到忠诚。我们每个党员入党时，都填写了《入党志愿书》。这说明我们每个人入党都是自愿的行为。既然是自愿，那么就要严格遵守党章和党内的有关规定，要履行自己对党的承诺。

当前，我们面临着来自不同行业、不同岗位的多元化选择。不同的行业间，以及同一行业的不同岗位，都存在着条件和待遇的差异。因此，对我们每个共产党员来说，做到"干一行，爱一行"，确实也是一个考验。有人说：选择了当医生，就是选择了责任，就是选择了风险，选择了奉献。此话一点不假。"穿上白大褂，就是一身的责任"，这是我经常说的一句话，因为我知道，病人是把他的身家性命都托付给了我们。

在医务系统，做一个新时期合格的党员，坚持人民的利益高于一切，我最能体会"时间就是生命"这句话的含义。病人生病不分白天、黑夜。如果我们这些基层医院的领导能靠前指挥，往往能起一些及时的协调作用，不让病人失去一切可能争取的机会，不让病人失去一切应该得到的利益。我们应尽己所能为民服务，为民排忧解难。党员也要坚持带头认真学习，因为只有这样才能避免"本领恐慌"。

现代化医院有许多崭新的管理理论和方法，需要我们去学习、实践和探索。新时期的合格党员必须是实践科学发展观的"领头羊"，必须有敢为人先的精神，敢于破旧、勇于创新，同时必须坚持清正廉洁，成为岗位上的行家里手。

四、能看手语，用口语同步翻译短文。

关于幸福的论述

美国有一位教育家曾叙述过他如何寻找幸福。他先从知识里找幸福，得到的只是幻灭；从旅行里找，得到的只是疲倦；从财富里找，得到的只是争斗与忧愁；从写作中找，得到的只是劳累。直到有一天，他在火车站看见一辆小汽车里坐着一位年轻妇女，怀里抱着一个熟睡的婴儿。一位中年男子从火车上下来，径直走到汽车旁边。他吻了一下妻子，又轻轻地吻了婴儿，生怕把他惊醒。然后，这一家人就开车离去了。这时他才惊奇地发现什么是真正的幸福。他高兴地松了口气，从此懂得：生活的每一正常活动都带有某种幸福，幸福来源于生活，幸福就在你的身边。

这个故事告诉我们，做人做事都要有平常心，要学会从生活中的每个角落发现乐趣和意义。

第 4 章

哲学、伦理、心理与行为

第 1 节　哲学与伦理　／ 38
第 2 节　心理与行为　／ 53

第 1 节　哲学与伦理

学习目标

掌握"哲学与伦理"的基础手语动作

能够看懂"哲学与伦理"的基础手语动作,并能传译成汉语

能够用手语进行"哲学与伦理"的短文翻译;能够听口语,用手语同步翻译;并能传译成汉语

技能要求

"哲学与伦理"的基础手语动作共包括 80 个词语,详见表 4—1。

表 4—1　　　　　　　　"哲学与伦理"的基础手语动作

图示	说明
(一)　(二)	现象 (一)双手直立,掌心向内;左手不动,右手向内移一下 (二)一手食指、中指直立并拢,掌心向外,朝面颊部碰一下
(一)　(二)　(三)	反映 (一)一手平伸,由掌心向下翻转为掌心向上 (二)双手拇指、食指成"⌐⌐"形,从脸颊两侧向前移动 (三)一手五指撮合,指尖对于口部,然后向前移动并张开五指,表示反映情况
(一)　(二)	立场 (一)左手横伸;右手食指、中指直立张开,指尖朝下立于左手掌心上 (二)一手食指指尖朝下划一大圆圈

续表

图示	说明
（一） （二）	观点 （一）一手食指、中指分开，指尖朝前，自眼部向前移动一下 （二）左手横伸；右手食指朝下在左手掌心上点一下
（一） （二）	否认 （一）一手直立，掌心向外，左右摆几下 （二）一手直立，掌心向外，向上举一下
	范围 一手打手指字母"F"的指式，并顺时针转一圈
	肯定 一手食指先直立，然后向下一挥，同时点一下头
	否定 一手食指指尖朝前划一个"×"号
（一） （二）	平衡 （一）双手平伸，掌心向下，由中间向两侧移动 （二）双手平伸，掌心向下，先上下交替微动，然后双手保持平衡状

续表

图示	说明
	对立 双手食指、中指分开,指尖朝下相对而立
(一) (二)	统一 (一)右手侧立,五指微曲,边向左做弧形移动边握拳 (二)一手食指横伸,置于胸前
(一) (二)	概括 (一)双手五指微曲,掌心向下,边向上移动边双手靠拢并撮合五指 (二)双手食指指尖朝外划"( )"形
	刺激 一手食指横伸,从太阳穴处向前额划动,象征头脑受到刺激,面露刺激的表情
	抑制(忍耐) 一手横伸,掌心向下,从喉结处向下缓缓移动,表示压抑
	兴奋 双手五指撮合,指尖朝上,然后边向上移动边放开五指,面露高兴的表情

哲学、伦理、心理与行为

续表

图示	说明
（一）　（二）	**灵敏** （一）一手打手指字母"L"的指式，手腕左右晃动几下 （二）一手拇指、食指捏成小圆圈，在眼前快速划动
（一）　（二）	**敏感** （一）一手拇指、食指捏成小圆圈，在眼前快速划动 （二）右手掌贴于左胸部
（一）　（二）	**判断** （一）左手横伸；右手侧立于左手掌心上，并左右拨动一下 （二）一手侧立，向下一切
（一）　（二）	**假设（假定）** （一）右手直立，掌心向左，五指分开置于面前，并微微扇动几下 （二）一手食指直立，并向下一挥
	幻想（梦） 一手伸出拇指、小指，从太阳穴处斜着向上旋转上升
（一）　（二）	**顽强** （一）一手握拳，虎口敲两下额头，表示顽固 （二）双手握拳屈肘，然后往下一顿

续表

图示	说明
（一）　（二）	脾气 （一）左手横伸；右手伸拇指、食指捏一下左手背的皮肤。"皮"与"脾"同音，借用"皮"的手势 （二）一手打手指字母"Q"的指式，指尖朝内置于鼻孔处
（一）　（二）	慈善 （一）一手打手指字母"C"的指式 （二）双手拇指、食指在胸前搭成"♡"形，然后右手伸出拇指，并向上一挑
	拘束 双手自然弯曲，指尖朝下，置于胸前，然后随身体同时向后缩
（一）　（二）	冲动 （一）一手五指撮合，指尖朝上置于脸颊，然后用力向上放开五指，表示热血冲冠 （二）双手握拳屈肘，在胸前前后交替动几下
（一）　（二）	自尊 （一）一手食指直立，贴于胸部 （二）左手横伸；右手伸拇指置于左手掌心上，左手向上一抬
（一）　（二）	尊重 （一）左手横伸；右手伸拇指置于左手掌心上，左手向上一抬 （二）双手平伸，掌心向上，在胸前同时向下一顿，象征有重量

哲学、伦理、心理与行为

续表

图示	说明
（一）　（二）	佩服 （一）左手横伸；右手伸拇指置于左手掌心上，左手向上一抬 （二）一手手掌贴于耳部，头向前微倾一下
（一）　（二）	羡慕 （一）一手食指指尖朝下，贴于嘴角向下划动，象征流口水 （二）一手伸出拇指并微晃两下，面露喜欢表情
（一）　（二）	良心 （一）双手拇指、食指在胸前搭成"♡"形，然后右手伸出拇指，并向上一挑 （二）双手拇指、食指搭成"♡"形
（一）　（二）	散漫 （一）双手五指微曲，指尖朝上，掌心相对，然后边向下移动边放开五指 （二）双手食指直立，虎口朝内，在胸前前后交替动几下
（一）　（二）	警惕 （一）一手食指指尖抵于太阳穴处，同时头微微抬起，面露警觉神态 （二）双手直立，掌心向外推出
	疏忽 双手拇指、食指各捏成小圆圈，其他手指伸开，先置于眼前再互换位置，表示眼睛走神了

续表

图示	说明
（一）　（二）	鄙视 （一）一手小指指尖先指向一眼睛，然后边向斜下方划动，边拇指、小指相捏，面露不屑一顾神情 （二）一手食指、中指分开，指尖朝前，自眼部向前一指
	痛恨 一手伸出拇指、小指，拇指指尖抵于胸部，面露怨恨的表情
	冤枉 一手伸出小指，指尖朝胸部点两下，同时皱眉，面露受到冤屈的表情
（一）　（二）	牢骚 （一）一手打手指字母"L"的指式 （二）一手五指撮合，指尖朝下，手背贴于颔部，然后反复张开五指
	推脱 右手直立，掌心向左置于左肩上，然后向外推出
（一）　（二）	敷衍（搪塞） （一）双手横立，左手在后不动，右手掌心拍一下左手背 （二）左手伸出拇指、小指，指尖朝右；右手五指分开围着左手转动，面露恭维表情，象征糊弄别人

哲学、伦理、心理与行为

续表

图示	说明
（一）　　（二）	妒忌（嫉恨） （一）右手伸出食指置于胸部，指尖朝左下方一指，脸歪向左侧，面露不满的神态 （二）一手伸出拇指、小指，拇指指尖抵于腹部
	报复 一手握拳，先打一下自己，表示受到别人打击，再向外挥拳，表示回击、报复
（一）　　（二）	报答 （一）双手平伸，掌心向上，同时前伸 （二）一手伸出拇指并向前弯曲两下
	不幸 一手掌心先拍一下前额，然后边向前下方移动边伸出小指
	失望（消极、灰心） 头微低；一手五指撮合，指尖朝上，置于胸部，然后边向下移动边收拢五指，面露灰心表情
	吃亏 一手伸出食指、小指，食指指尖抵于口部，然后边向下方移动边缩回食指

续表

图示	说明
（一）　　（二）	逞能 （一）一手伸出大拇指，朝鼻子上一顶 （二）一手握拳屈肘，向内弯动一下
（一）　　（二）	卑鄙 （一）一手打手指字母"B"的指式 （二）一手小指指尖朝下一指
（一）　　（二）	阴险 （一）左手横伸，掌心向下，置于胸前；右手伸出小指，指尖朝上，在左手掌心下转一圈 （二）一手拍两下胸部，面露惊恐表情
	下流 一手伸出小指，从口部向下一划
	抽（挑选、选拔） 左手直立，掌心向内，五指分开；右手拇指、食指先捏一下左手食指，然后向上一提（可以根据实际模仿抽、挑选的动作）
	闯 左手拇指、食指成"∩"形；右手伸出拇指、小指，用力朝左手"∩"中插入，表示破门而入（可以根据实际模仿闯的动作）

哲学、伦理、心理与行为

续表

图示	说明
	催 右手食指横伸，向左用力点几下，面露催促别人的表情（可以根据实际模仿催的动作）
	搓（摩擦） 双手侧立，掌心相贴，来回搓几下（可以根据实际模仿搓的动作）
	挡（拦截） 左手横立；右手在左手前由上而下一切（可以根据实际模仿挡的动作）
	叠 双手横伸，掌心向下，上下交替相叠几下（可以根据实际模仿叠的动作）
（一） （二）	挑剔 （一）左手直立，掌心向内，五指分开；右手拇指、食指先捏一下左手食指，然后向上一提（可以根据实际模仿抽、挑选的动作） （二）左手直立，掌心向内，五指分开；右手伸小指，朝左手各指尖上点一下
（一） （二）	存在 （一）左手成半圆形，掌心向下；右手五指成"]"形，插入左手半圆形中 （二）左手横伸；右手伸出拇指、小指，由上而下移至左手掌心上

续表

图示	说明
（一）　（二）	客观 （一）双手平伸，掌心向上，同时向一侧微移一下 （二）一手食指、中指分开，指尖朝前，自眼部向前移动一下
（一）　（二）	主观 （一）一手伸出拇指，贴于胸部 （二）一手食指、中指分开，指尖朝前，自眼部向前移动一下
（一）　（二）	意识 （一）一手打手指字母"Y"的指式 （二）一手食指在太阳穴处点一下
（一）　（二）	世界观 （一）左手握拳，手背向上；右手五指张开微曲，绕左手转一圈 （二）一手食指、中指分开，指尖朝前，自眼部向前移动一下
（一）　（二）　（三）	唯物论 （一）一手打手指字母"W"的指式 （二）双手食指指尖朝前，先互碰一下，再分开并张开五指 （三）一手打手指字母"L"的指式，平行转动两下
（一）　（二）　（三）	辩证法 （一）双手食指横伸，在嘴前交替转动两下 （二）双手平伸，掌心向上，从两侧向中间移动，并互碰一下 （三）一手打手指字母"F"的指式，并向下移动一下

续表

图示	说明
（一）　（二）	涵养 （一）左手掌心贴于腹部；右手掌心贴于胸部，再向下移至与左手相触 （二）左手食指直立；右手五指撮合，掌心向上，边向左手食指移动边张开五指
（一）　（二）	推理 （一）一手直立，掌心向外推一下 （二）一手打手指字母"L"的指式
（一）　（二）	感性 （一）右手掌心贴于左胸部 （二）左手握拳；一手食指、中指指背弹打两下左手背
（一）　（二）	理智 （一）一手打手指字母"L"的指式 （二）一手食指点一下前额
（一）　（二）	因素 （一）左手直立，五指张开，掌心向内；右手食指自左手拇指依次点五指 （二）一手打手指字母"S"的指式
	界限 右手五指并拢下垂，在身边划一下，表示一条界线

续表

图示	说明
（一）　（二）	静止 （一）双手平伸，掌心向下缓缓按一下 （二）左手横伸，掌心向下；右手直立，掌心向左，指尖抵于左手掌心
（一）　（二）	外因 （一）左手横立；右手食指朝下在左手外指一下 （二）左手直立，五指张开，掌心向内；右手食指自左手拇指依次点五指
（一）　（二）	量变 （一）一手直立，五指分开，掌心向内，手指交替抖动几下 （二）一手食指、中指分开直立，由掌心向外转为掌心向内
（一）　（二）	质变 （一）左手握拳；一手食指、中指指背弹打两下左手背 （二）一手食指、中指分开直立，由掌心向外转为掌心向内
（一）　（二）	无限 （一）一手拇指、食指、中指指尖朝上互捻一下，然后手平伸 （二）左手横伸；右手侧立，在左手掌心上切一下
（一）　（二）	有限 （一）一手伸出拇指、食指，手背向下，拇指不动，食指弯曲两下 （二）左手横伸；右手侧立，在左手掌心上切一下

哲学、伦理、心理与行为

续表

图示	说明
（一）　（二）	抽象 （一）左手直立，掌心向内，五指分开；右手拇指、食指先捏一下左手食指，然后向上一提（可以根据实际模仿抽、挑选的动作） （二）一手食指、中指并拢直立，掌心向外，朝面颊部碰一下
	相对 双手食指直立，指面相对，然后同时由两侧向中间微微移动一下
（一）　（二）	绝对 （一）一手侧立，向下一切 （二）双手食指直立，指面相对，然后同时由两侧向中间微微移动一下
（一）　（二）	折中 （一）一手打手指字母"ZH"的指式 （二）左手拇指、食指和右手食指搭成"中"字
（一）　（二）	飞跃 （一）双手侧伸，掌心向下，扇动两下，象征翅膀扇动 （二）左手横伸；右手食指、中指分开立于左手掌心上，然后向前一跃

短文

1. 有一位拉小提琴的盲人总盼望自己的眼睛能够复明，于是他四处求医，但是每次都失败了。于是，他收了一位眼睛同样失明的徒弟，四处漂泊。每到一个地方，他们就为当地的贫苦人民拉上几曲。听到他们的琴声，人们都忘记了痛苦，变得快乐起来。感受到这一点，他也渐渐变得开朗、乐观。

此时，他知道自己复明无望，但心里却十分平静。他发现了比复明更重要的东西，那就是为别人带来快乐，是一生最大的价值。

2. 生命阳光馆的成功举办，有力地促进了残疾人事业发展观念的提升，促进了残疾人社会保障和服务工作的进一步落实，促进了社会化工作方法的拓展，促进了残疾人自强自立精神的进一步弘扬。加强公共服务和社会管理，改善民生，已经成为当前社会发展的重要任务；各项保障民生措施纷纷推出，确保了残疾人"两个体系"建设的推进实施；中国共产党建党90周年庆祝活动，将进一步讴歌党对残疾人事业的关心重视，促进残疾人事业的发展；《残疾人保障法》颁布实施20多年来，为残疾人事业发展提供了强大的法律支撑。

残疾人事业发展已经成为党和政府及全社会共同关心的重要议题，一系列重大活动为残疾人事业发展创造了良好的外部环境，社会建设力度的加大为残疾人事业发展提供了更多的资源和空间，日益增强的城市综合实力为残疾人事业发展奠定了坚实基础。

让我们乘民生东风，助推残疾人事业更上一层楼。

课堂练习

一、会打、能看本节的词语和短文。

二、能听口语，用手语同步翻译短文。

维护职工的合法权益是工会的职责

工会把自己的基本职责确立为维护职工的合法权益，既要积极参与有关劳动法律法规的制定，还要以劳动关系协调者的身份开展工作，包括参与改制、安全、职业病等涉及职工切身利益等重要事项的谈判，指导职工与用人单位签订劳动合同，代表职工与企业签订集体合同，帮助职工提高维权意识，开展职工法律援助活动等。工人有组织地通过工会来表达合理需求，有尊严地参与经济社会活动并获得法律保护的权利必须得到尊重和维护。没有组织的劳动者，不可能提出响亮的利益诉求，更谈不上进行有效的维权。

我国劳动者享有参加和组织工会的权利、集体协商和集体谈判的权利、民主参与和民主管理的权利。工会作为劳动者权益的代表，必须具有独立性，只有把工人组织到工会中来，工会组织才有生命力；只有切实维护好工人的合法权益，工会组织才有凝聚力。

集体谈判权是劳动者通过自己的组织实施的基本权利。工会是职工合法权益的表达者和维护者，只有在谈判中不断提升自己的谈判能力，在集体合同的制订与履行中才能充分体现有组织的力量。而且，劳资谈判或博弈更应发生在形成合约的过程中，而不是在实施合约以后，也就是尽可能确立合约的严肃性和正当性，防止朝令夕改，甚至变成一纸空文。工会的维权工作必须纳入社会建设和管理的大格局中，不断摸索有效维权的机制、手段和途径，团结全社会的力量，推动建立规范有序、公正合理、合作互利的新型劳动关系。

工会组织在联系党与群众方面的桥梁纽带作用、协调劳动关系和社会利益关系方面的作用越来越重要了。事实上，有了工会组织，也比较容易达到维权的目的，避免混乱和无序，是健全和完善工会维权机制、保障职工切身利益不受侵害的有效举措。

三、能看手语，用口语同步翻译短文。

人造卫星

人造卫星为什么能环绕地球运转，而长久不落下来？因为人造卫星和飞船发射出去以后，它以特别快的速度围绕地球运转，抵挡住了地球对它的引力作用。使卫星做匀速圆周运动，而不会使它们落回地面。什么样的速度才能使人造卫星脱离地球的引力，而绕地球做匀速圆周运动呢？根据科学家计算，每秒达 7.9 km，并且从水平方向抛出去，就能使人造卫星环绕地球运转。这个速度叫作环绕速度，也叫作第一宇宙速度。如果小于这个速度，它就会被地球引力拉回来。不过人造卫星受到地球外围空气的阻力，速度会渐渐减慢，最后坠入大气层，受到空气摩擦，发生高热，就会烧毁。环绕地球飞行的人造卫星，都是用火箭把它携带到太空中去的。要达到每秒 7.9 km 的高速度必须使用多级火箭。火箭是靠向后喷出的气体产生的反作用力前进的。气体喷出得越快，火箭前进的速度也就越快。要达到很高的飞行速度，除了要求有很高的喷气速度，还需要携带大量的燃料。经过科学家们的努力，终于解决了这个问题，使火箭在飞行中随着燃料的消耗，减轻在继续飞行途中的重量，大大提高了飞行速度。

第 2 节　心理与行为

　　掌握"心理与行为"的基础手语动作

　　能够看懂"心理与行为"的基础手语动作，并能传译成汉语

　　能够用手语进行"心理与行为"的短文翻译；能够听口语，用手语同步翻译；并能传译成汉语

手语翻译人员（高级）

 技能要求

"心理与行为"的基础手语动作共包括98个词语，详见表4—2。

表4—2　　　　　　　　　　"心理与行为"的基础手语动作

图示	说明
（一）　（二）	反馈 （一）左手食指直立；右手五指撮合，指尖向前，由嘴前向左手食指移动并放开五指 （二）左手姿势不变；右手转腕，五指撮合，自左手食指向耳部移动，并放开五指
（一）　（二）	智商 （一）一手食指点一下前额 （二）左手食指直立；右手食指横贴在左手食指上，然后上下微动几下
（一）　（二）	天赋 （一）一手食指直立，在头一侧上方转动一圈 （二）一手五指撮合，指尖朝内，边向头部移动边张开五指
（一）　（二）	敏锐 （一）一手拇指、食指捏成小圆圈，在眼前快速划过 （二）左手食指直立；右手拇指、食指沿着左手食指指尖边向上移动边两指相捏
（一）　（二）	敏捷 （一）一手拇指、食指捏成小圆圈，在眼前快速划过 （二）一手打手指字母"J"的指式

哲学、伦理、心理与行为

续表

图示	说明
（一）　（二）	机智 （一）一手打手指字母"J"的指式 （二）一手食指点一下前额
（一）　（二）	概念 （一）一手打手指字母"G"的指式 （二）一手掌拍一下前额
（一）　（二）	推测 （一）一手直立，掌心向外推一下 （二）左手直立，五指分开，手背向外；右手食指在左手食指、中指指缝中点动两下，脸露思考状
（一）　（二）	探讨 （一）右手食指、中指分开，指尖朝下，在胸前不同位置点两下 （二）双手食指横伸，指尖相对，在嘴前前后交替转动几下
（一）　（二）	探索 （一）右手食指、中指分开，指尖朝下，在胸前不同位置点两下 （二）一手伸食指，在太阳穴处转两圈
	暗示 左手直立，掌心向右，遮住左脸部；右手食指横伸，在左胳膊前向左指一下

续表

图示	说明
	思维 一手打手指字母"W"的指式，置于太阳穴处转动几下
（一）　（二）	归纳 （一）双手五指微曲，掌心向下，边向上移动边双手靠拢并撮合五指 （二）左手五指成"〔"形，虎口朝上；右手五指撮合，指尖朝下插入"〔"形中
	综合 双手张开，五指微曲，掌心相对，边由两侧向中间做弧形移动边双手合拢
	衡量 双手平伸，掌心向上，上下交替微动，同时面带思考表情
（一）　（二）	斟酌 （一）左手横伸；右手平伸，掌心先贴于左手掌心，再翻转几下 （二）左手横伸；右手伸出拇指、食指、中指，食指、中指并拢，指尖朝下，在左手掌心上转动两下
（一）　（二）	动机 （一）双手握拳屈肘，在胸前前后交替转动几下 （二）一手打手指字母"J"的指式

哲学、伦理、心理与行为

续表

图示	说明
(一) (二)	意志 (一) 一手打手指字母"Y"的指式 (二) 一手打手指字母"ZH"的指式
(一) (二)	魄力 (一) 双手拇指、食指在腹前搭成圆形，然后向两侧拉开 (二) 一手握拳屈肘，向内弯动一下
(一) (二)	仁慈 (一) 左手拇指、食指成"亻"形；右手食指、中指横伸，置于左手旁，组成"仁"字形 (二) 一手打手指字母"C"的指式
(一) (二)	坦率 (一) 双手横伸，掌心向上，指尖相对，置于胸前，然后同时向前伸出 (二) 右手直立，掌心向左，自胸前向上划至口部，表示口心一致
(一) (二)	爽快 (一) 双手先搭成"♡"形，置于胸部，再向两侧移动 (二) 一手拇指、食指捏成小圆圈，从一侧向另一侧做快速挥动
(一) (二)	开朗 (一) 双手并排直立，掌心向外，然后向内转动90°，掌心相对 (二) 双手横伸，掌心向上，在胸前上下交替转动几下，面露笑容

续表

图示	说明
（一）　（二）	果断 （一）双手拇指、食指搭成圆形 （二）一手侧立，向下一切
（一）　（二）	胆量 （一）双手拇指、食指在腹前搭成圆形，然后向两侧拉开，表示大胆 （二）一手直立掌心向内，五指分开手指交替抖动几下
（一）　（二）	腼腆 （一）一手贴于脸颊，头微低 （二）一手五指撮合贴于脸颊，然后边缓慢上移边张开五指，象征脸红
（一）　（二）	懦弱 （一）双手拇指、食指在腹前搭成圆形，然后向中间缩小一点，表示胆小 （二）左手横伸；右手伸出拇指、小指，小指指尖抵于左手掌心左右晃动几下
	呆板 一手拇指、食指叉开，贴于嘴部，面无表情
	幼稚 一手食指先指一下前额，然后拇指、食指相捏抖动几下

哲学、伦理、心理与行为

续表

图示	说明
	狭隘 双手侧立,掌心相对,边向前移动并缩小距离,表示狭窄
(一) (二)	孤僻 (一) 一手食指直立,贴于胸部,再向下微移动一下 (二) 一手打手指字母"P"的指式
(一) (二)	精力 (一) 一手打手指字母"J"的指式 (二) 一手握拳屈肘,向内弯动一下
(一) (二)	入迷 (一) 一手伸拇指、小指,指尖朝内向里移动 (二) 一手打手指字母"M"的指式,置于前额,并微转几下
(一) (二)	迷惑 (一) 一手打手指字母"M"的指式,置于前额,并微转几下 (二) 一手直立,五指分开,掌心向内,在面前左右晃动几下
(一) (二)	口径 (一) 一手食指沿嘴部转一圈 (二) 左手拇指、食指捏成圆形;右手食指在左手圆形上向下划一下

图示	说明
（一）　（二）	利索 （一）一手打手指字母"L"的指式 （二）一手拇指、食指捏成小圆圈，在眼前快速划过
	拖拉 左手伸小指；右手拇指、食指捏住左手小指向右下方拉一下
（一）　（二）	崇拜 （一）左手横伸；右手伸拇指置于左手掌心上，左手向上一抬 （二）双手合十，置于胸前
（一）　（二）	忠实 （一）左手拇指、食指与右手食指搭成"中"字形，置于胸部，然后双手由上而下动一下 （二）左手食指横伸；右手食指、中指相叠敲一下左手食指
	怜悯 右手握拳贴于胸口，然后向前伸出手掌，掌心向上，同时面带同情他人的神态
（一）　（二）	盼望 （一）一手手背贴于下颌，头微抬，眼向上看 （二）一手打手指字母"X"的指式，先置于太阳穴处，然后向外移动

续表

图示	说明
（一）　（二）	憧憬 （一）一手打手指字母"X"的指式，先置于太阳穴处，然后向外移动 （二）一手五指分开，掌心向内，在面前转动一下
	期望 一手打手指字母"Q"的指式，先置于太阳穴处，然后向外移动
（一）　（二）	信赖 （一）一手捂住耳部，同时头部微倾一下 （二）左手伸拇指；右手食指直立，然后靠向左手拇指
（一）　（二）	志气 （一）一手打手指字母"ZH"的指式 （二）一手打手指字母"Q"的指式，指尖朝内置于鼻孔处
（一）　（二）	志愿 （一）一手打手指字母"ZH"的指式 （二）一手拇指、食指微曲，指尖朝下颌处点一下，同时头微点一下
（一）　（二）	寄托 （一）左手伸拇指；右手食指直立，然后靠向左手拇指 （二）双手平伸，掌心向上，向前伸出

续表

图示	说明
（一） （二）	风度 （一）一手五指分开微曲，指尖朝上，左右来回扇动 （二）双手平伸，掌心向下，置于腰部两侧，然后同时向下一按，头微侧
（一） （二）	神气 （一）一手捂住胸部，同时挺胸抬头，面露神气状 （二）一手打手指字母"Q"的指式，指尖朝内置于鼻孔处
（一） （二）	风貌 （一）一手五指分开微曲，指尖朝上，左右来回扇动 （二）一手五指分开，掌心向内，在面前由上而下一划
（一） （二）	从容 （一）双手食指、中指搭成"从"字形 （二）一手伸食指绕面部一圈，同时面露镇定状
（一） （二）	潇洒（洒脱） （一）双手握拳屈肘，在胸前前后交替动几下 （二）双手虚握置于胸前，然后向下一甩，手指张开，同时挺胸抬头
（一） （二）	踏实 （一）双手平伸，掌心向下，一上一下如踏步状 （二）左手食指横伸；右手食指、中指相叠敲一下左手食指

哲学、伦理、心理与行为

续表

图示	说明
	谨慎 左手横伸,掌心向上;右手拇指、小指相捏,手背向下,在左手掌心上轻拍几下
(一) (二)	老练 (一)一手张开,在颔下做捋胡须动作 (二)左手横伸,掌心向上;右手平伸,掌心、手背在左手掌心上交替蹭一下
(一) (二)	慷慨 (一)一手打手指字母"K"的指式 (二)双手拇指、手指搭成"♡"形,置于胸部,再向两侧移动
(一) (二)	天真 (一)一手食指直立,在头一侧上方转动一下 (二)双手拇指、食指相捏分别置于两眼角处,头左右转动一次,两指随之做开合动作,模仿儿童天真的样子
(一) (二)	含蓄 (一)一手打手指字母"H"的指式 (二)左手横立,掌心向内置于嘴前;右手五指撮合,指尖朝上,自左手掌心内向上稍移,并微微张开五指,表示含而不露的意思
(一) (二)	轻浮 (一)一手平伸,掌心向上,轻轻抬一下 (二)一手平伸,掌心向上,边上下微微晃动边向一侧移动

续表

图示	说明
（一） （二）	轻率 （一）一手平伸，掌心向上，轻轻抬一下 （二）双手食指直立，虎口朝内，在胸前前后交替动几下
（一） （二）	淘气 （一）双手伸拇指、小指，顺时针平行交替转动几下 （二）一手打手指字母"Q"的指式，指尖朝内置于鼻孔处
（一） （二）	痛快 （一）一手五指分开，掌心向内，在胸部转一圈 （二）双手横伸，掌心向上，上下交替动几下，面露笑容
（一） （二）	恩怨 （一）左手伸拇指、小指；右手拇指、食指张开先置于胸部，然后移向左手 （二）双手伸小指，指尖朝上，同时向外挥动几下，脸露不满状
（一） （二）	意外 （一）一手打手指字母"Y"的指式 （二）左手横立，手背向外；右手伸食指，在左手背外向下一指
（一） （二）	遗憾 （一）左手横伸；右手握拳在左手掌心上轻捶两下，面露遗憾表情 （二）双手平伸，掌心向上，向下甩动几下

哲学、伦理、心理与行为

续表

图示	说明
（一）　（二）	反省 （一）一手平伸，掌心向下，然后翻转为掌心向上 （二）一手伸出小指，指尖抵于太阳穴处并转动两下，表示思过
（一）　（二）	吝啬 （一）左手拇指、食指捏成小圆圈，虎口朝上；右手掌在左手圆圈上抚摸几下 （二）一手拇指、食指捏成小圆圈，虎口朝上，先向前伸出再缩回，象征不舍得花钱
（一）　（二）	屈服 （一）双手上举，掌心向外，表示投降 （二）一手掌贴于耳部，头向前微倾一下
（一）　（二）	赌气 （一）一手打手指字母"D"的指式，置于胸部，面露不服他人的表情 （二）一手五指撮合，指尖朝上置于胸部，然后用力向上张开五指，面露生气样
（一）　（二）	委屈 （一）一手伸小指，指尖朝胸部点两下，同时皱眉，面露受冤屈表情 （二）一手虚握，贴于胸部转动一圈，面露愁容
（一）　（二）	困惑 （一）一手食指指尖抵于太阳穴处，并转动一下 （二）一手五指分开，掌心向内，在脸前左右晃动几下

图示	说明
（一）　（二）	烦闷 （一）一手五指微曲，指尖在前额处点动几下 （二）一手拇指、食指捏住鼻子，同时低头闭眼
（一）　（二）	窝火 （一）左手横伸，掌心向下，置于胸前；右手五指微曲，指尖朝上置于左手掌心下 （二）右手五指微曲，指尖朝上，然后上下动几下
（一）　（二）	别扭 （一）双手拇指、食指搭成"♡"形，置于胸部 （二）双手五指撮合，指尖上下相对，相互反转一下
（一）　（二）	失落 （一）头微低；一手五指微曲，指尖朝上，置于胸部，然后边向下移动边收拢五指，面露灰心表情 （二）左手横伸，掌心向上；右手拇指、食指捏成小圆圈，其他手指伸开，由上而下移至左手掌心
（一）　（二）	扫兴 （一）一手五指并拢，指尖朝下，划动一下，如扫地动作 （二）双手五指弯曲张开，置于胸部，然后边向下移动边撮合
	抱怨（埋怨） 一手五指微曲，掌心向上，置于腹部一侧，然后用力向外移动

续表

图示	说明
（一）（二）（三）	冒失 （一）左手成半圆形，虎口向上；右手打手指字母"M"的指式，从左手虎口里伸出来 （二）双手并拢直立，掌心向外置于面前，然后头向前伸，双手分开 （三）再将头缩回，手并拢，模仿贸然进门的样子
（一）（二）	虚荣 （一）右手直立，掌心向左，五指分开置于面前，并微微扇动几下 （二）一手五指撮合，指尖朝外置于脸颊，然后边向外移动，边张开五指
（一）（二）	虚伪 （一）右手直立，掌心向左，五指分开置于面前，并微微扇动几下 （二）右手掌心先贴于右脸颊，再贴于左脸颊，表示两面派
（一）（二）	恭维 （一）左手伸拇指、小指；右手掌在左手下边拍几下，如俗语"拍马屁"之意 （二）左手姿势不变；右手伸出拇指，对着左手动几下
（一）（二）	耻笑 （一）一手食指在面颊上刮两下 （二）一手拇指、食指弯曲，指尖抵于嘴唇下部，脸露笑容
（一）（二）	恐吓 （一）左手伸拇指、小指；右手握拳，对着左手挥动几下 （二）一手捂住胸口，眼睛睁大，口张开，脸露惊恐状

图示	说明
（一）　（二）	恶意 （一）一手伸出小指，向下挥动一下 （二）一手打手指字母"Y"的指式
（一）　（二）	恶毒 （一）一手伸出小指，向下挥动一下 （二）双手握拳屈肘，手腕交叉置于颈部
（一）　（二）	安置 （一）一手横伸，掌心向下，自胸部向下一按 （二）双手平伸，掌心向下，五指分开，微按几下
（一）　（二）	表示 （一）双手拇指、食指成"⌐⌐"形，从脸颊两侧向前移出 （二）左手食指、中指横伸；右手食指在左手食指、中指下书空"小"字，仿"示"字形
（一）　（二）	表态 （一）双手拇指、食指成"⌐⌐"形，从脸颊两侧向前移出 （二）一手食指绕脸部划一圈
（一）　（二）	阐明（说明、声明） （一）一手食指横伸，在嘴前转动几下 （二）左手横伸；右手平伸，掌心向下贴于左手掌心，边向外移动边伸出拇指

哲学、伦理、心理与行为

续表

图示	说明
（一） （二）	打听 （一）一手食指直立，自嘴部向前一挥 （二）一手掌心向外，贴于耳部
（一） （二）	对待 （一）双手食指直立，然后同时由两侧向中间微动一下 （二）双手拇指、食指成"⌐⌐"形，从脸颊两侧向前移出
（一） （二）	防止 （一）双手直立，掌心向外推出 （二）左手横伸；右手侧立，向左手掌上一切
（一） （二）	辅助 （一）左手伸拇指、小指；右手平伸，在左手腕部向前轻推左手一下 （二）双手斜伸，掌心向外，拍动两下
（一） （二）	呼吁 （一）双手五指微曲，虎口朝内置于嘴边，头从一侧转向另一侧，口微张 （二）双手握拳，在胸前从左至右连续做请求动作
（一） （二）	借鉴 （一）一手打手指字母"J"的指式，然后变为手平伸，掌心向上，由外向内移动 （二）双手平伸，掌心向上，上下交替摆动几下

69

续表

图示	说明
（一）　（二）	强调 （一）双手握拳屈肘，然后向下一顿 （二）一手食指横伸，在嘴前转动几下
（一）　（二）	提倡 （一）一手食指横伸，自口部向前移出 （二）左手伸出拇指；右手五指撮合置于左手旁，然后边向外做弧形移动边放开五指，表示将好东西宣传出去
	欣赏 右手打手指字母"X"的指式，置于眼前并微转；眼睛注视右手的动作，同时面带微笑，模仿欣赏的神态

短文

1. 面对激烈的社会就业竞争，你必须积极地融入其中，不断地采取攻势才能成为胜利者。可是人们却总是喜欢为了所谓的安全感，万人一起盯住那少数几个自以为是高薪的职位，然后争得头破血流。

其实，现代的社会瞬息万变，如今的高薪职业随时可能降温冷下来，而目前还不起眼的工作也会随时可能成为热门行业。学会用发展的眼光看待万事万物，是成功的必要条件。

2. 连续几天的倾盆大雨仍然没有停的迹象，一个人气得站在院子中央，指着天空大骂："不长眼睛的老天，下这么多雨可把我害惨了。屋顶漏了，衣服湿了，粮食潮了……我倒霉你有什么好处吗，还不停，还不停……"

这时，邻居出来对他说："与其在这儿骂老天，不如自己先修好屋顶，再向我借一些柴火，烘干衣服，烘干粮食，在屋里做一些平时没空做的事情。"

既然没有支配别人的能力，不如就一心一意地支配自己，这样更容易获得成功。推而广之，我们同样没有使机会主动前来的能力，所以就应该发挥自己的主观能动性，积极地为自己创造机会。

课堂练习

一、会打、能看本节的词语和短文。

二、能根据手语视频录像笔译成汉语。

关心残疾人事业

关心残疾人，是社会文明进步的重要标志。残疾人事业是崇高的事业，是中国特色社会主义事业的重要组成部分。满腔热情地关心残疾人，切实尊重残疾人的公民权利和人格尊严，给他们以平等的地位和均等的机会，让他们共享社会物质文化发展的成果，是我国社会主义制度的本质要求。我们在全面建设小康社会的道路上，满腔热情地关心残疾人，促进残疾人事业在新的起点上加快发展，共同创造幸福生活和美好未来。残疾人中蕴藏着巨大潜能和无限创造力，是建设中国特色社会主义的重要力量，也是发展残疾人事业的主体。残疾人积极向上的精神，给人以信心和力量，是民族精神和时代精神的体现。希望广大残疾人热爱人生，保持乐观向上、不畏艰难的生活态度，努力学习，增长本领，快乐生活，努力实现自身价值。希望广大残疾人始终热爱祖国，不断超越自我，积极参与全面建成小康社会的伟大实践，奋力创造更多的物质财富和精神财富，向全社会进一步展示残疾人的聪明才智和良好精神风貌。

三、能听口语，用手语同步翻译短文。

育人·律己·全心付出

我是一名辅导员，我们的工作不仅仅是服务学生，更要积极发掘和引导不同学生的需求，推动他们成长成才，尤其要为他们提高学习能力、创新能力和实践能力铺设道路。贯穿高校辅导员工作始终的，不仅仅是一腔热忱，更是对学生全心全意的关注和为国育才的责任。

因为这份关注和责任，我在班级建设和管理中特别注重德育和智育的结合，特别注重对学生学习能力和科研能力的培养。在我所带的复旦大学化学系2004级班里，通过集体辅导、个体辅导和学术讲座拓展学生的视野，为他们开展科研活动打下基础。培养学生的创新意识和创新能力，我还建立了化学系的科创中心，帮助学生联系导师、组织经费，鼓励他们进入实验室。这样，2004级化学班115名同学中，15人获得了国家大学生创新计划训练营资助，有复旦大学君政学者4人、望道学者5人，37人获得复旦大学科创行动项目资助，参与发表的SCI论文已有22篇，还有4人获得了复旦大学科技创新类杰出单项奖，2004级化学班也获得了全国先进集体称号。在班级建设和学生成长的过程中，我深深体会到，营造浓厚的学习氛围，搭建良好的创新平台是至关重要的。

作为辅导员，我希望通过我"育人·律己·全心付出"，让每一个学生都能走好本科四年的道路，帮助他们完成从"学"到"学以致用"的过程。四年的辅导员经历，让我对爱和责任的内涵有了更深的理解，这也将成为植根在我内心的品质，必将使我未来的道路走得更扎实、更坚定。

四、能看手语，用口语同步翻译短文。

理智地放弃

两个青年无意间发现一份能将水变成汽油的广告，他们大喜，马上买来了广告上所谓的资料，夜以继日地研究起来。他们一直没有成功。过了不知多久，其中的一个青年通过学习相关的知识后发现，将水变成汽油是根本不可能的事情，于是他毅然放弃了，转而从商。离去时，他劝说另一位青年："我们要做的事情根本不合自然规律，别再瞎忙了。"另一位青年根本不听，他头一昂，回答说："只要坚持下去，我相信总会成功的。"

五年过去了，那位转为经商的青年已经成了千万富翁，而另一位青年由于一次次失败，最后因为严重的精神妄想症而住进了医院。

可见，要在生活中抓住成功，我们不仅要学会坚持，更要学会如何理智地放弃。

第 5 章

事物的状态、性质与特点

第 1 节　事物的状态　　　／ 74
第 2 节　事物的性质与特点　／ 85

第 1 节　事 物 的 状 态

 学习目标

掌握"事物的状态"的基础手语动作

能够看懂"事物的状态"的基础手语动作，并能传译成汉语

能够用手语进行"事物的状态"的短文翻译；能够听口语，用手语同步翻译；并能传译成汉语

 技能要求

"事物的状态"的基础手语动作共包括 53 个词语，详见表 5—1。

表 5—1　　　　　　　　　"事物的状态"的基础手语动作

图示	说明
（一）　（二）	形势 （一）双手食指、中指搭成"开"字形，然后右手伸出中指、无名指、小指在左手旁划三撇，仿"形"字形 （二）双手五指微曲分开，掌心相对，同时向前转动一下
（一）　（二）	现实 （一）一手横伸，掌心向上，置于腹部并上下微动一下 （二）左手食指横伸；右手食指、中指相叠，向左手食指敲一下
（一）　（二）	实际 （一）左手食指横伸；右手食指、中指相叠，向左手食指敲一下 （二）一手打手指字母"J"的指式

事物的状态、性质与特点

续表

图示	说明
	环节 （一）双手拇指、食指捏成小圆圈，相互套环，反复两次 （二）一手打手指字母"J"的指式
	程度 　左手食指直立；右手食指横伸，置于左手食指上并上下移动几下
	典型 （一）一手打手指字母"D"的指式 （二）双手直立，五指微曲分开，掌心相对，同时左右转动一下
	推广 （一）一手直立，掌心向外一推 （二）双手平伸，掌心向下，从中间向两侧做弧形移动，五指同时张开
	启示 （一）右手打手指字母"Q"的指式，置于太阳穴处，同时略抬头 （二）左手食指、中指横伸；右手食指在左手食指、中指下书空"小"字，仿"示"字形
	暴露 　左手成半圆形，虎口向上；右手握拳，手背向内，从左手虎口里伸出

75

图示	说明
（一）　（二）	贯彻 （一）左手横立，五指分开；右手伸食指，从左手拇指依次划过，表示从上到下之意 （二）双手握拳，一上一下，右拳向下砸一下左拳
（一）　（二）	伪装 （一）右手直立，掌心向左，五指分开置于面前，并微微扇动几下 （二）双手在脸颊两侧做抹粉动作
	避让（躲开） 双手五指分开直立，一前一后排成一排，然后前面的手向一侧移动，后面的手向前移动
	摆脱 右手从左肩处向外划动
（一）　（二）	光滑 （一）右手直立，掌心向左，手腕抖动几下 （二）左手斜伸，掌心向下不动；右手手掌贴在左手手背上向下滑动
（一）　（二）	粗糙 （一）双手五指成半圆形，虎口朝上，由中间向两侧移动 （二）左手横伸；右手五指微曲，指尖朝下在左手背上点两下

事物的状态、性质与特点

续表

图示	说明
（一）（二）	宝贵 （一）左手伸出拇指，手背向外；右手掌轻拍几下左手背 （二）一手拇指、食指捏成圆形，其他手指伸出，向外晃动几下，表示钱多，引申为贵
（一）（二）	造成 （一）双手握拳，一上一下，右拳向下砸一下左拳 （二）左手横伸；右手掌先拍一下左手掌，再伸出拇指
（一）（二）	解除 （一）双手五指撮合，指尖朝上，然后边向两侧移动并张开五指 （二）左手横伸，掌心向上；右手侧立，从左手掌心上向外划过
（一）（二）	安详 （一）一手横伸，掌心向下，自胸前向下一按 （二）一手伸食指绕脸部转一圈，然后食指缩回，拇指伸出
（一）（二）	优待 （一）一手伸出拇指，向上一挑 （二）双手拇指、食指成"⌐⌐"形，从脸颊两侧向前移出
（一）（二）（三）	倒霉 （一）左手横伸，右手伸出拇指、小指，小指指尖抵于左手掌心上，然后转腕小指指尖朝上 （二）一手拍一下前额，然后伸出小指

77

续表

图示	说明
（一）　（二）	颠倒 左手横伸；右手伸出拇指、小指，小指指尖先抵于左手掌心，然后再翻转为拇指指尖抵于左手掌心
	障碍 左手侧立；右手横立，然后移至左手并停住，表示遇到障碍
（一）　（二）	妨碍 （一）双手直立，掌心向外一推 （二）左手侧立；右手横立，然后移至左手并停住，表示遇到障碍
	约束（束缚） 左手伸拇指、小指；右手拇指、食指捏成小圆圈套在左手拇指上，并转动一下
	响应 一手伸出拇指，虎口朝内，举过头顶，表示赞成
	延长 双手食指直立，先互相靠近，然后左手不动，右手向右侧移动

事物的状态、性质与特点

续表

图示	说明
	扯皮（推诿） 左手食指、中指相叠，指尖朝上；右手将左手推到左边，再从左边推到右边，表示将一件事推来推去
（一） （二）	恰巧 （一）双手食指直立，从两侧向中间微移 （二）一手打手指字母"Q"的指式，然后伸出拇指
（一） （二）	缓解 （一）双手平伸，掌心向外侧斜，由中间缓慢向两侧做扒开的动作 （二）双手五指撮合，指尖朝下，然后边向两侧移动并张开五指
	缓和 双手先紧紧握拳，置于胸前，然后向下张开五指，脸露轻松神态
	稳定 左手横伸；右手五指弯曲分开，指尖朝下按于左手掌心
（一） （二）	密切 （一）双手直立，掌心向内，十指并拢靠在一起 （二）双手拇指、食指相互套环

续表

图示	说明
	滑稽 一手五指撮合置于鼻尖处，并微微转动两下，象征滑稽演员的红鼻子
（一） （二）	恐怖 （一）一手五指分开拍两下胸部，面露惊恐表情 （二）两手贴于发际，手指先弯曲后直立张开，面露惊恐状
（一） （二）	销毁 （一）双手五指微曲，指尖朝上，上下交替动几下，如火苗跳动状 （二）双手五指撮合，指尖相对，掌心向下，然后向外放开五指
（一） （二）	正派 （一）双手直立，掌心相对，向前一顿 （二）一手打手指字母"P"的指式，向下一甩
（一） （二）	坚决 （一）右手食指指尖顶于脸颊部，面露坚定表情 （二）左手横伸；右手五指撮合，指尖朝下按于左手掌心
	符合（合适） 双手横立，从两侧向中间移动至双手重叠

事物的状态、性质与特点

续表

图示	说明
（一）　（二）	恰当（适当） （一）双手横立，从两侧向中间移动至双手重叠 （二）一手伸出拇指
（一）　（二）	可靠 （一）一手直立，掌心向内，然后食指、中指、无名指、小指弯曲一下 （二）左手伸出拇指；右手食指先直立，然后靠向左手拇指
	秘密 一手食指、中指相叠置于嘴部，嘴闭拢
	复杂 双手五指微曲，指尖左右相对，前后反向扭转几下
（一）　（二）	无聊 （一）一手拇指、食指、中指指尖朝上互捻一次，然后手平伸 （二）一手拇指、食指相捏，在嘴前捻动两下
	禁止 左手横伸，掌心向上；右手侧立，向左手掌心上切一下

81

续表

图示	说明
	耽误 左手侧立；右手伸出五指，拇指指尖抵于左手掌心，其他四指并拢向下转动
	避免 双手直立，掌心向外一推
（一）　（二）	牵连 （一）右手握住左手腕，并拉动一下 （二）双手拇指、食指相互套环
	差别 双手平伸，掌心向下，一手不动，另一手向下沉一下
	突出 左手横伸，掌心向下；右手食指快速从左手食指、中指指缝中伸出
（一）　（二）	核心 （一）双手抱拳，象征果实的硬核 （二）双手拇指、食指搭成"♡"形，置于胸部

事物的状态、性质与特点

续表

图示	说明
	耻辱 一手食指在面颊上刮一下
	活该 一手横伸,手背碰下颌几下,面露幸灾乐祸神态

短文

1. "先就业、后择业",这样的就业指导对吗?

中国大学毕业生就业难、择业更难,这是事实。如今很多企业不喜欢聘用应届毕业生,主要不是因为这些毕业生在企业里不听话,不会干,而是因为企业不愿意为别人做嫁衣,把学到的技术技能和工作经验作为跳槽时的跳板。其实用人单位的目光永远都会搜寻并最后锁定在较为出色的人才身上,企业说到底是要靠优秀员工为自己赚钱的。所以,如果你意识到自己还不具备企业所要求的职业素质,比如缺乏管理、营销、策划、宣传、组织等方面的综合知识和能力,那么你就应该先去就业,然后再有目的地去选择你所喜欢的职业。

2. 世界上没有一个国家是允许酒后开车的。然而,每年全世界因为酒后驾车造成的伤害事故何止千万起!一个人如果迁就自己的欲望,或是碍于情面喝了酒还要去开车,很多人总是顽固地认为自己很了不起、不会出事,并且在那种疯狂的状态下,谁说的话他都不会听,结果是害人又害己。

课堂练习

一、会打、能看本节的词语和短文。

二、能听口语,用手语同步翻译短文。

心系百姓方能如鱼得水

良好的党群、干群关系,是我们的传家之宝。中国共产党从无到有、从小到大,正是紧密依靠了广大人民群众的支持和帮助。在革命战争时期,面对严酷的斗争环境,许多群众为坚守党的秘密,保护党的干部付出了鲜血和生命,因为他们相信,党和各级干部与人民群众生死与共，是命运共同体。新中国成立后，党和各级干部与人民同甘共苦，渡过了一个个难关。历史充分证明，我们党只有保持同人民群众的密切联系，才能生存发展、成长壮大。当前，面对国内外复杂的形势，我们要更好地运用这一党的建设的传家宝，坚持权为民所用、情为民所系、利为民所谋，保持同人民群众的血肉联系。

良好的党群、干群关系，要靠正确的政策和法规做支撑。我们党是执政党，是制定政策方针和领导国家立法的党，必须十分慎重地运用好执政权力。近年来，有些地方在制定有关农村征地补偿、城市居民房屋拆迁、中小商贩管理、出租汽车管理等政策时，由于事先考虑不周，甚至只为了部门利益，成为引发群体性冲突的导火索。因此要求各项政策和法规立足保障公民各项权利，使社会各类群体特别是困难群体更好地享受到改革开放的成果，拥护党的政策和国家法律法规。

良好的党群、干群关系，要靠领导机关，特别是领导干部的形象去维护。当前在不少地方，老百姓茶余饭后比较热衷的话题，往往容易集中在干部身上，民间议论不一定准确，但也并非完全没有依据，反映了这个地方党员干部形象不佳，党群关系不和谐。如果这种状况长期得不到改变，任何一桩个别性矛盾冲突就可能引发群体性事件。因此，密切党群、干群关系，塑造党员干部良好形象，必须加强理想信念教育，强化服务意识，加强对权力运行的监督，让干部感到有压力，自觉约束和规范自己的言行。

良好的党群、干群关系，要靠党员干部的优良作风去培养。我们只有大力加强领导干部的作风建设，感情上贴近群众、思想上尊重群众、工作中爱护群众，才能从根本上密切党群关系和干群关系。同样，党群和干群关系密切了，我们党的优良作风也能得到根本保持。

三、能看手语，用口语同步翻译短文。

群众在你心中有多重

常常听到基层群众反映，现在"路是越修越好了，但是一些党员干部离基层反而越来越远了"。长期"躲猫猫"，会与群众产生隔膜，听不到人民的声音，领导干部就会变成"瞎子""聋子"。一个政党，如果不能保持同人民群众的血肉联系，就会失去生命力。

现在有的地方干群成了"油水关系""蛙水关系"，一些干部需要群众支持时，就"联系"一下群众；用不着时，便和你"拜拜"。干部与群众的位置应该怎么摆？是"对人民负责"还是"对上负责"？以作秀来代替做事，势必会凉了群众的心。感情是双向的，你带着感情做群众工作，群众就会对你有感情。（删掉一节）

如今，为何会出现群众工作"老方法不管用、新办法不会用"的现象呢？今天的群众工作，与以往最大的不同，就是群众权利意识逐渐增强、权利诉求不断增加。能否始终站稳立场，很大程度上取决于我们能否协调"利益关系"，能否摆正"权力与权利"的关系。除了真心实意对待群众，还需要构建科学有效的利益协调机制、诉求表达机制、矛盾调处机制、权益保障机制。只有把涉及群众的民生、民主问题解决好，才能赢得民心。

第 2 节　事物的性质与特点

 学习目标

掌握"事物的性质与特点"的基础手语动作

能够看懂"事物的性质与特点"的基础手语动作，并能传译成汉语

能够用手语进行"事物的性质与特点"的短文翻译；能够听口语，用手语同步翻译；并能传译成汉语

 技能要求

"事物的性质与特点"的基础手语动作共包括 45 个词语，详见表 5—2。

表 5—2　　　　　"事物的性质与特点"的基础手语动作

图示	说明
	漏 左手横伸，掌心向下五指分开；右手食指朝下，在左手食指、中指、无名指指缝间各插一下
	歪（倾向） 双手先直立，掌心相对，然后同时歪向一侧

图示	说明
	尖（锋利、尖锐） 左手食指直立；右手拇指、食指沿着左手食指尖，边向上移动边两指相捏
	凹 双手搭成"〔〕"形，然后上面的食指、中指、无名指、小指向内做凹进动作
	凸 双手搭成"〔〕"形，然后上面的食指、中指、无名指、小指向内做凸起动作
（一） （二）	事例 （一）一手食指、中指相叠，指尖朝上 （二）一手打手指字母"L"的指式
（一） （二）	局势 （一）一手打手指字母"J"的指式 （二）双手五指微曲分开，掌心相对，同时向前转动一下

事物的状态、性质与特点

续表

图示	说明
	动态 （一）双手握拳屈肘，在胸前前后交替转动几下 （二）双手拇指、食指成"└┘"形，置于脸颊两边，并交替上下动几下
	声势 （一）一手食指直立，在耳边左右动几下 （二）双手五指微曲分开，掌心相对，同时向前转动一下
	优势 （一）一手伸出拇指，向上一挑 （二）双手五指微曲分开，掌心相对，同时向前转动一下
	规模 （一）一手横立，由外向内一顿一顿移动几下 （二）一手打手指字母"M"的指式，并顺时针平行转一圈
	标志 左手食指直立；右手打手指字母"ZH"的指式，指尖对准左手食指

续表

图示	说明
（一）　（二）	功能 （一）左手食指、中指与右手食指搭成"工"字形，右手食指再在旁边书空"力"字，仿"功"字形 （二）一手握拳屈肘，向内弯曲一下
	系列 左手打手指字母"X"的指式；右手手背向外，食指、中指、无名指、小指横伸，在左手旁上下各划一下
	系统 左手打手指字母"X"的指式，在上不动；右手五指撮合，指尖朝下，从左手腕部边向下移动，边张开五指，象征系统
（一）　（二）	公益 （一）双手拇指、食指搭成"公"字形 （二）双手五指弯曲，掌心相对，由外向内收进
（一）　（二）	象征 （一）一手食指、中指并拢直立，掌心向外，朝面颊碰一下 （二）双手平伸，掌心向上，从两侧向中间移动，并互碰一下

事物的状态、性质与特点

续表

图示	说明
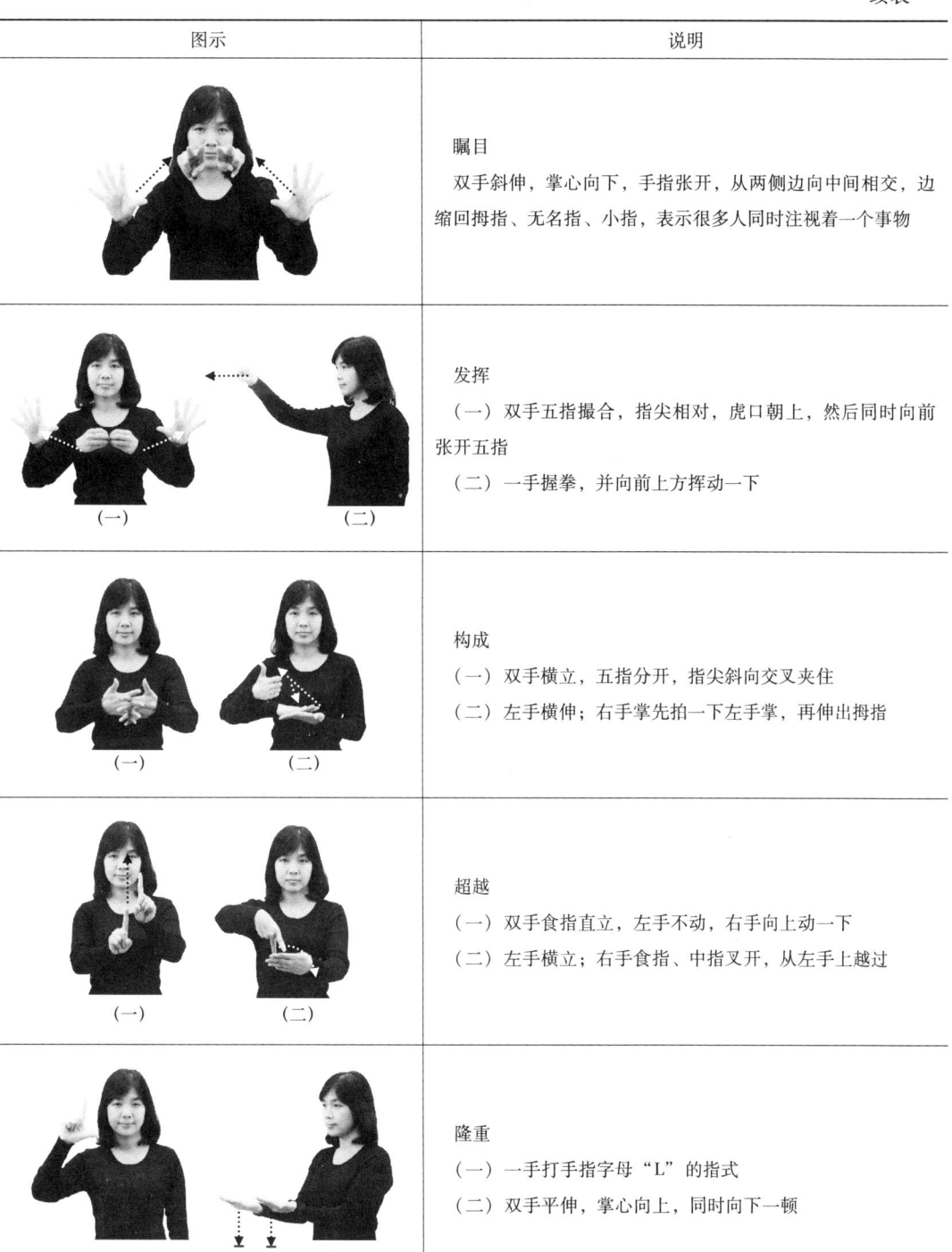	**瞩目** 双手斜伸，掌心向下，手指张开，从两侧边向中间相交，边缩回拇指、无名指、小指，表示很多人同时注视着一个事物
	发挥 （一）双手五指撮合，指尖相对，虎口朝上，然后同时向前张开五指 （二）一手握拳，并向前上方挥动一下
	构成 （一）双手横立，五指分开，指尖斜向交叉夹住 （二）左手横伸；右手掌先拍一下左手掌，再伸出拇指
	超越 （一）双手食指直立，左手不动，右手向上动一下 （二）左手横立；右手食指、中指叉开，从左手上越过
	隆重 （一）一手打手指字母"L"的指式 （二）双手平伸，掌心向上，同时向下一顿

89

图示	说明
	蓬勃 双手五指捏成圆球形，指尖朝上，边向两侧做弧形移动边张开五指
	繁荣 双手五指微曲，指尖朝上，边任意移动，边连续做张开五指动作，引申为繁荣
	分裂 双手平伸，五指并拢，掌心向下，然后五指迅速放开，如裂开状
（一）　（二）	奢侈 （一）双手拇指、食指捏成小圆圈，在腰部向外挥动，表示花钱无度 （二）左手横伸；右手伸拇指、小指，手背贴于左手掌，然后双手左右摇动，面露悠闲神态，如在躺椅上享受
	踊跃 双手伸拇指、小指，交替向前移动几次

事物的状态、性质与特点

续表

图示	说明
（一）（二）	强烈 （一）双手握拳屈肘，然后向下一顿 （二）双手五指弯曲，指尖贴于胸部，上下交替移动几下
	衬托 双手平伸，掌心向上；左手在上不动，右手与左手一半相叠，从下往上动两下
（一）（二）	差距 （一）双手平伸，掌心向下，一手不动，另一手向下沉一下 （二）双手横立，左手在后不动，右手在前，并向外移动一下，表示距离
	幸亏 一手先拍打一下前额，然后向外移动，并伸出拇指
（一）（二）	分明 （一）左手横伸；右手侧立于左手掌心上，左右微动一下 （二）左手横伸；右手平伸，掌心向下，贴于左手掌边向外移动边伸出拇指

续表

图示	说明
（一）　（二）	逼真 （一）双手横立，左手在前不动，右手向前靠向左手 （二）左手食指横伸；右手食指先直立，再向下敲一下左手食指
（一）　（二）	悠久 （一）右手打手指字母"Y"的指式，由左向右移动一下 （二）左手侧立；右手伸拇指、食指，拇指指尖抵于左手掌心，食指先向下转，然后再向右移动，表示时间很长
（一）　（二）	英俊 （一）一手贴于胸部，同时挺身抬头 （二）一手食指绕脸部转一圈，然后食指缩回，伸出拇指
（一）　（二）	魅力 （一）左手伸拇指；右手手指张开对着左手拇指，然后向后移动并撮合五指 （二）一手握拳屈肘，向内弯曲一下
（一）　（二）	人道 （一）双手食指搭成"人"字形 （二）双手侧立，掌心相对，同时向前移动一下

事物的状态、性质与特点

续表

图示	说明
	端正 （一）双手直立，掌心相对，先歪向一侧，然后移正 （二）双手直立，掌心相对，向前一顿
	尖端 （一）左手食指直立；右手拇指、食指沿着左手食指尖，边向上移动边两指相捏 （二）左手食指直立；右手拇指、食指捏住左手食指指尖
	幽默 （一）一手食指横伸，在嘴前前后转动几下 （二）一手拇指、食指相捏，在嘴前捻动两下
	通俗 （一）双手食指横伸，由两侧向中间交错移动 （二）一手五指撮合，指尖在前额按一下，再向下移，并张开五指
	单纯 （一）一手食指直立，贴于胸前，再向上微微一动，表示单个 （二）一手打手指字母"CH"的指式

93

续表

图示	说明
	难听 一手食指先指耳部，然后边向外移动边伸出小指
（一） （二）	干脆 （一）左手食指、中指与右手食指搭成"干"字形 （二）双手五指相捏，手背向上，指尖相触，然后向上一挑
（一） （二）	庸俗 （一）一手食指先在额头上点一下，然后边向下移动边拇指、食指相捏，手背向下，抖动几下 （二）一手五指撮合，指尖在前额按一下，再向下移动，并张开五指

短文

1. 现代企业的生存和发展离不开创新，同时，企业内部员工个人的成长和进步也离不开创新意识。如果一个员工，在工作中不能创造性地完成任务，消极被动的后果必将被解聘或除名。所以说，敢于创新，大胆挑战传统的方法和规则是大至企业领导小至员工都必须具备的素质，是维护生存与促进发展的关键因素。

不断增强自己的创新意识、大胆突破传统方法和规则的束缚有助于人们更快、更好地解决问题，这是增强员工个人竞争力和体现员工个人价值的重要途径，也是员工不断创造新业绩、取得新发展的关键因素。要想适应日新月异的时代发展趋势，要想实现自己的理想，就必须具有创新意识和创新的能力。

2. "十二五"残疾人事业发展纲要指出：高举中国特色社会主义伟大旗帜，以邓小平理论和"三个代表"重要思想为指导，深入落实科学发展观，全面落实《中共中央国务院关于促进残疾人事业发展的意见》，健全残疾人社会保障体系和服务体系，使残疾人基本生活、医疗、康复、教育、就业、文化体育等基本需求得到制度性保障，促进残疾人状况改善和全面发展，为残疾人平等参与社会生活创造更好的环境和条件，为全面建成小康社会和构建社会主义和谐社会做出贡献。

课堂练习

一、会打、能看本节的词语和短文。

二、能根据手语视频录像笔译成汉语。

唤起全社会对听障群体的关注

由共青团中央、中国残联、中国青年志愿者协会共同主办的"把耳朵叫醒——中国青年志愿者助残行动暨听障儿童康复公益演唱会"5月15日助残日那天在北京世纪剧院举行。中国残联的有关负责人、共青团中央的领导与首都文艺工作者、广大青年志愿者一起出席了演唱会。

这次活动是为进一步弘扬"奉献、友爱、互助、进步"的志愿精神，推动"百万青年志愿者助残行动"向专业化、制度化方向发展，唤起全社会对听障群体的关注，尤其是对7岁以下听障儿童能尽快得到语言训练早日康复，共青团中央发起的又一个重要的志愿者助残活动。这次活动得到北京联合大学特殊教育学院的积极响应，在3月3日全国爱耳日当天，"把耳朵叫醒——中国青年志愿者助残行动暨听障儿童康复公益活动"新闻发布会上，中国青年志愿者协会为学院学生组成的首支"听障儿童志愿者服务队"授旗。

三、能听口语，用手语同步翻译短文。

谁使他们失去童真

某地一12岁男孩因其妈妈非要求他中断玩耍去补习班学习竟爬上楼顶欲跳楼，以此威胁妈妈。相信很多人读完都会感到紧张和心痛。生活中，常会听到这样一句话：不能让孩子输在起跑线上。望子成龙、望女成凤的心切使家长暗自竞争，生怕自己孩子落后，常常早早就让他们读这个班或那个班。要是自己的孩子课余时间没去参加培训班，父母就会觉得孩子是在浪费时间。于是，不少孩子整天忙于学习，晕头转向，几乎连玩的时间都没有，脸上笑容越来越少。其实，孩童自有其成长规律，大人不应强行更改。假如父母总是把孩子日常生活安排得满满的，不仅会让孩子觉得不自由，且学习效率会很低。更重要的是，过多、过早开发孩子智力，会使他们早早失去童真童趣，失去作为孩子应有的天性，这对孩子的积极性和学习兴趣产生了不利的影响，还会扼杀孩子的独立精神和创造性，对孩子的成长是很不利的。

四、能看手语，用口语同步翻译短文。

崇高的事业

残疾人事业是崇高的事业，是中国特色社会主义事业的重要组成部分。改革开放三十多年来，我国残疾人事业取得了伟大的成就。国家颁布了保障残疾人的法律，各级政府成立了残疾人工作协调机构,制定并实行了发展残疾人事业的工作计划,国家和社会采取了一系列措施,丰富残疾人的精神文化生活,改善残疾人参与社会生活的条件:通过广播、电影、电视、报刊、图书等形式,反映残疾人生活,为残疾人服务;组织和扶持盲人、聋人、智障人读物的编写和出版,开办电视手语节目;组织和扶持残疾人开展群众性文化、体育、娱乐活动,举办特殊艺术演出和特殊体育运动会,参加重大国际性比赛和交流;文化、体育、娱乐和其他公共活动场所,为残疾人提供方便和照顾。逐步实行方便残疾人的城市道路和建筑物设计规范,采取无障碍措施;促进残疾人与其他公民之间的相互理解和交流,宣传扶助残疾人的事迹,弘扬残疾人自强不息的精神,倡导团结、友爱、互助的社会风尚。扶残助残的大好社会风尚进一步形成。我国政府和残疾人组织积极参与国际残疾人事务,在国际人权和社会发展方面发挥着重要作用。我国残疾人事业取得的成就得到了国际社会的广泛称赞。

第 6 章

民族、宗教与历史

 **学习目标**

掌握"民族、宗教与历史"的基础手语动作

能够看懂"民族、宗教与历史"的基础手语动作,并能传译成汉语

能够用手语进行"民族、宗教与历史"的短文翻译;能够听口语,用手语同步翻译;并能传译成汉语

 技能要求

"民族、宗教与历史"的基础手语动作共包括 21 个词语,详见表 6—1。

表 6—1　　　　　　　　"民族、宗教与历史"的基础手语动作

图示	说明
(一)　(二)	信徒 (一)一手手掌贴于耳部,头向前微倾一下 (二)左手伸拇指,右手伸小指靠在左手拇指指背上
(一)　(二)	神仙 (一)双手合十置于胸前,目光前视 (二)左手伸拇指、食指成"亻"形;右手拇指、食指、小指直立,手背向外,置于左手旁,仿"仙"字形
(一)　(二)	祭祀 (一)双手平伸,掌心向上如捧物状,然后向前伸出 (二)双手合十置于胸前,低头,模仿信仰宗教的人做祈祷的动作
	灵魂 一手拇指、食指相捏,其他手指直立,在头部上方转两圈

图示	说明
（一）　（二）	算命 （一）双手直立，手背向外，五指分开，边交替抖动边互碰双手 （二）右手掌贴于左胸部
	魔鬼 双手拇指、中指相捏，其他手指伸出，指尖朝前，然后双手同时上下动几下
（一）　（二）	殉葬 （一）双手食指直立，一左一右，同时向前移动 （二）左手伸出拇指、小指，手背向下；右手五指微曲如拱形，置于左手上
（一）　（二）	原始 （一）一手拇指、食指搭成圆圈，"圆"与"原"同音，借代 （二）左手伸拇指；右手伸食指碰一下左手拇指
（一）　（二）	年代 （一）左手握拳，虎口朝上；右手伸出食指从左拳的骨节处向下划下去 （二）双手食指直立，然后左右交叉互换位置

图示	说明
（一）　（二）	年号 （一）左手握拳，虎口朝上；右手伸出食指从左拳的骨节处向下划下去 （二）一手五指微曲，虎口贴于嘴边
（一）　（二）	朝代 （一）一手打手指字母"CH"的指式 （二）双手食指直立，然后左右交叉互换位置
（一）　（二）	炎黄 （一）一手打手指字母"Y"的指式 （二）一手打手指字母"H"的指式
（一）　（二）	秦朝 （一）一手打手指字母"Q"的指式 （二）一手打手指字母"CH"的指式
（一）　（二）	汉朝 （一）一手打手指字母"H"的指式 （二）一手打手指字母"CH"的指式

民族、宗教与历史

续表

图示	说明
	隋朝 （一）一手打手指字母"S"和"I"的指式 （二）一手打手指字母"CH"的指式
	唐朝 （一）一手打手指字母"T"的指式 （二）一手打手指字母"CH"的指式
	宋朝 （一）一手打手指字母"S"的指式 （二）一手打手指字母"CH"的指式
	封建 双手食指、中指并拢，交叉相搭于前额，然后同时向两侧斜下方移动
	变法 （一）一手食指、中指分开直立，然后由掌心向外转为掌心向内 （二）一手打手指字母"F"的指式，并向下移动一下

图示	说明
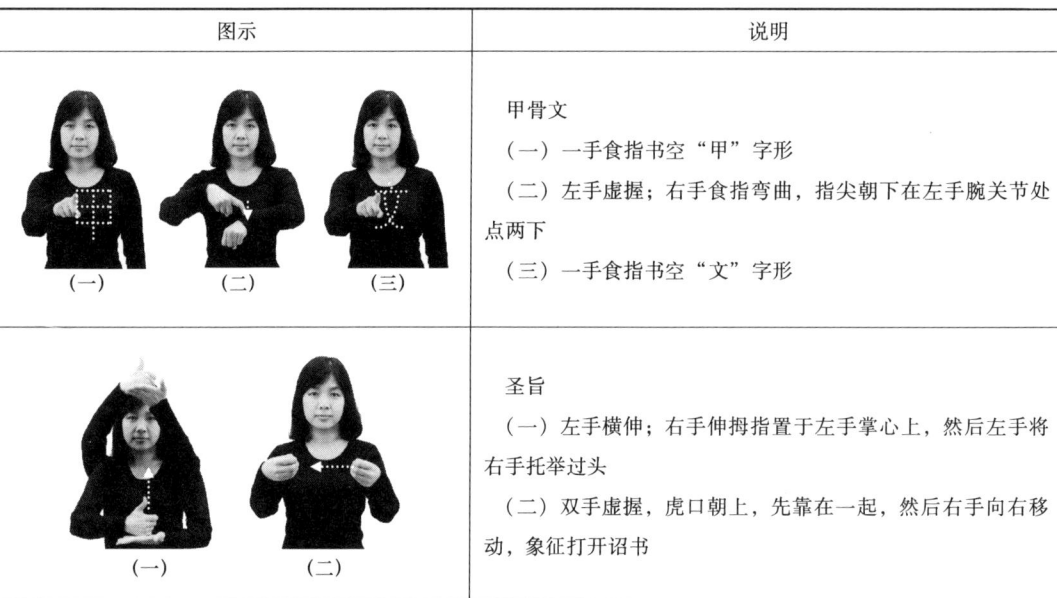	甲骨文 （一）一手食指书空"甲"字形 （二）左手虚握；右手食指弯曲，指尖朝下在左手腕关节处点两下 （三）一手食指书空"文"字形
	圣旨 （一）左手横伸；右手伸拇指置于左手掌心上，然后左手将右手托举过头 （二）双手虚握，虎口朝上，先靠在一起，然后右手向右移动，象征打开诏书

短文

1. 关心残疾人，是社会文明进步的重要标志。残疾人事业是崇高的事业，是中国特色社会主义事业的重要组成部分。满腔热情地关心残疾人，切实尊重残疾人的公民权利和人格尊严，给他们以平等的地位和均等的机会，让他们共享社会物质文化发展的成果，是我国社会主义制度的本质要求。希望广大残疾人始终热爱人生，保持乐观向上、不畏艰难的生活态度，勤奋学习，增长本领，努力实现自身价值。奋力创造更多的物质财富和精神财富，向全社会进一步展示残疾人的聪明才智和良好精神风貌。

2. 聋人自身的素质是聋人平等参与社会活动的一个重要条件。聋人没有良好的道德品质，没有一定的文化知识和职业技能以及健康的体质，是很难取得平等参与权利的。社会的理解也很重要。社会观念落后，对聋人不能理解，聋人也很难得到平等参与的机会。在旧社会里，聋教育不发达，聋人素质差，聋人平等参与就无从谈起。新中国成立后，特别是改革开放以来，聋教育发展了，聋人的综合素质有了很大的提高，党和政府、社会各界也开始理解、关心、支持残疾人事业，聋人平等参与社会的机会越来越多了。半个多世纪以来，聋校的毕业生能够一批又一批走上社会，找到适合自己的工作，在工作岗位上做出了一些成绩，受到企事业单位和社会的认可与好评。

课堂练习

一、会打、能看本节的词语和短文。

二、能根据手语视频录像笔译成汉语。

开拓福利企业投资新路

以集中安置有一定劳动能力残疾人就业为特点的社会福利企业是残疾人就业安置的主要渠道之一。在新的形势下，继续依靠民政等政府部门投资兴办社会福利企业，既不符合市场经济的客观要求，也不符合社会福利社会化的发展方向。《残疾人保障法》的修订要体现"社会福利社会化，福利企业投资主体多元化"的指导思想，以法律形式形成"社会办、政府管"的格局。一方面，在坚持集中安置残疾人劳动就业方向不变，切实保障残疾职工合法权益的条件下，积极开拓福利企业投资主体多元化的新路，鼓励多渠道、多层次、多形式兴办福利企业。另一方面，对目前仍以政府部门为投资主体的福利企业，要在保证国有集体资产不流失的情况下，按照政企分开、政事分开的要求，规范运作企业的改制改组，不断增强企业活力，强化企业内部管理，提高企业效益和残疾人的保障水平。

三、能听口语，用手语同步翻译短文。

保障就业，促进医改

2009年上半年全国城镇新增就业569万人，完成全年900万目标的63%，二季度城镇登记失业人数是906万，比一季度减少了9万。4.3%的城镇登记失业率与一季度末持平。

截至7月1日，全国已有415万高校毕业生落实去向，就业签约率为68%，与去年同期基本持平。

2009年春节前，大概有50%返乡，有7 000万人，其中的1 800万人需要解决就业问题。春节以后，有95%的农民工回到城里就业，剩下的还有5%在农村就地就近就业和返乡创业。

今年上半年，各项社会保障制度改革顺利推进。新医改方案公布，根据规划，今后三年，各级财政将新增投入8 500亿元，以缓解群众看病难、看病贵的问题为重点，着力推进包括基本医疗保障制度建设在内的五项改革。

城镇居民基本医疗保险制度全面推开，根据安排，今年城镇职工和居民参加医保人数要达到3亿9千万人，加上新农合的8亿多人，整体上今年将有超过12亿中国公民能够享有基本的医疗保障。

国务院审议并原则通过了开展新型农村养老保险试点指导意见，新型农村养老保险试点年内将覆盖10%左右的县（市）。目前，全国已有25个省份实行了养老保险省级统筹。企业退休人员基本养老金调整工作春节前已全部落实到位，月人均增加110元。

在扩大覆盖面的同时，国务院还决定提高医疗保障水平，要求职工医疗保险、城镇居民医疗保险，都要在现有报销比例的基础上提高最高支付限额，住院费用报销比例要比去年提高平均 5 个百分点。

尽管上半年，我国就业和社会保障取得明显成效，但形势依然严峻。

从就业来看，目前，还有 30% 的大学毕业生需要就业，加上去年以来没有实现就业的大学生，大概还有 300 万人。与此同时，国有和集体企业的下岗失业人员以及企业关闭破产的职工需要安置。人力资源和社会保障部表示，将继续实施扩大内需的一系列政策来扩大就业机会，继续落实好现行的就业政策，特别是重点抓好高校毕业生等群体就业。

下半年，国家还将采取一些提高城乡社会保障待遇水平的措施，包括城镇居民医保要全面覆盖城镇居民，医疗保险的报销比例要相应提高，还将研究制定再次调整企业退休人员基本养老金的方案并于明年 1 月 1 日启动实施。建立新型农村社会养老保险制度，将从根本上改变农村人口家庭养老的状况，转为社会养老，这是具有历史意义的制度建设。

四、能看手语，用口语同步翻译短文。

心中的顽石

从前有一户人家的菜园里摆着一块大石头，宽度大约有四十厘米，高度有十厘米。到菜园的人，不小心就会踢到那一块大石头，不是跌倒就是擦伤。

儿子问："爸爸，那块讨厌的石头，为什么不把它挖走？"

爸爸这么回答："从你爷爷时代，就一直放到现在，它的体积那么大，不知道要挖到什么时候，挖石头，不如走路小心一点，还可以训练你的反应能力。"

过了几年，这块大石头留到下一代，当时的儿子娶了媳妇，当了爸爸。

有一天媳妇气愤地说："爸爸，菜园那颗大石头，请人搬走好了。"

爸爸回答说："算了吧！那颗大石头很重的，可以搬走的话在我小时候就搬走了，怎么会让它留到现在啊？"

有一天早上，媳妇带着锄头和一桶水，把整桶水倒在大石头的四周。十几分钟以后，媳妇用锄头把大石头四周的泥土搅松。媳妇早有心理准备，可能要挖一天吧，谁都没想到几分钟就把石头挖起来，其实这块石头没有想象得那么大，都是被那个巨大的外表蒙骗了。

这个故事说明一个道理：阻碍我们去发现、去创造的，是我们心理上的障碍和思想中的顽石。

第 7 章

政治与法律

第 1 节　国家与政治活动　/ 106
第 2 节　行政管理与法律　/ 116

第 1 节　国家与政治活动

 学习目标

掌握"国家与政治活动"的基础手语动作

能够看懂"国家与政治活动"的基础手语动作,并能传译成汉语

能够用手语进行"国家与政治活动"的短文翻译;能够听口语,用手语同步翻译;并能传译成汉语

 技能要求

"国家与政治活动"的基础手语动作共包括41个词语,详见表7—1。

表7—1　　　　　"国家与政治活动"的基础手语动作

图示	说明
（一）　（二）	机关 （一）一手打手指字母"J"的指式 （二）双手搭成"∧"形
（一）　（二）	机构 （一）一手打手指字母"J"的指式 （二）双手横立,五指分开,指尖斜向交叉夹住
（一）　（二）	党派 （一）一手打手指字母"D"的指式 （二）一手打手指字母"P"的指式,然后向后一甩

续表

图示	说明
（一）　（二）	官僚 （一）一手拇指叉开，食指、中指直立，拇指指尖抵于前额 （二）双手横立，指尖抵于头两侧，象征乌纱帽
（一）　（二）　（三）	无产阶级 （一）一手拇指、食指、中指指尖朝上捻一下，然后手平伸 （二）左手成半圆形，虎口朝上；右手五指撮合，指尖朝上，边从左手虎口内伸出边放开五指 （三）左手直立，掌心向右；右手平伸，掌心向下，食指外侧贴于左手掌心，然后一顿一顿向上移动几下
（一）　（二）　（三）	资产阶级 （一）双手掌心向下，五指分开，拇指指尖抵于胸两侧，其他手指扇动几下 （二）左手成半圆形，虎口朝上；右手五指撮合，指尖朝上，边从左手虎口内伸出边放开五指 （三）左手直立，掌心向右；右手平伸，掌心向下，食指外侧贴于左手掌心，然后一顿一顿向上移动几下
（一）　（二）　（三）	封建主义 （一）双手食指、中指并拢，交叉相搭于前额，然后同时向两侧斜下方移动 （二）一手伸出拇指置于胸部 （三）一手食指横伸
（一）　（二）　（三）　（四）	资本主义 （一）双手掌心向下，五指分开，拇指指尖抵于胸部两侧，其他手指扇动几下 （二）一手打手指字母"B"的指式 （三）一手伸出拇指置于胸部 （四）一手食指横伸

续表

图示	说明
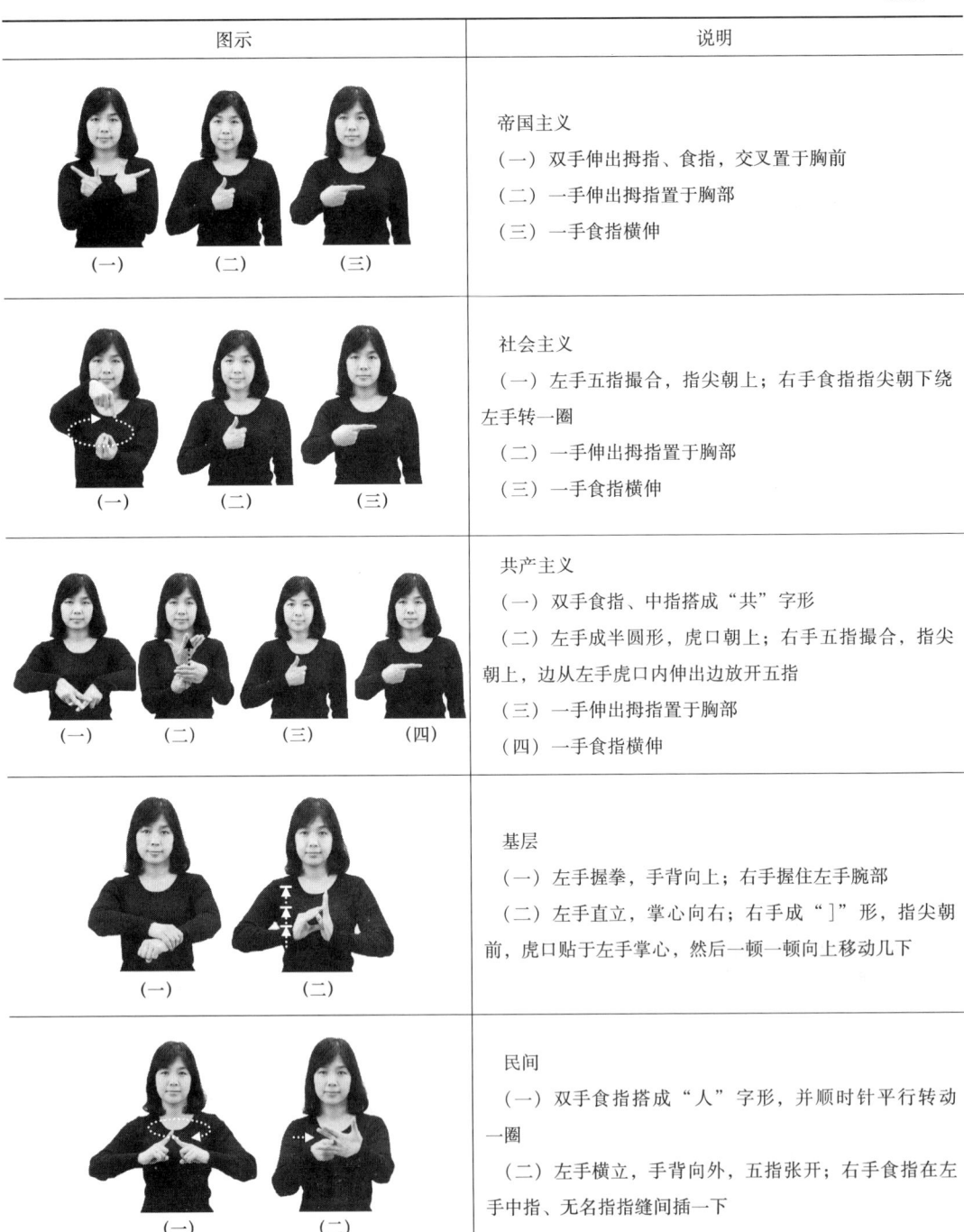	帝国主义 （一）双手伸出拇指、食指，交叉置于胸前 （二）一手伸出拇指置于胸部 （三）一手食指横伸
	社会主义 （一）左手五指撮合，指尖朝上；右手食指指尖朝下绕左手转一圈 （二）一手伸出拇指置于胸部 （三）一手食指横伸
	共产主义 （一）双手食指、中指搭成"共"字形 （二）左手成半圆形，虎口朝上；右手五指撮合，指尖朝上，边从左手虎口内伸出边放开五指 （三）一手伸出拇指置于胸部 （四）一手食指横伸
	基层 （一）左手握拳，手背向上；右手握住左手腕部 （二）左手直立，掌心向右；右手成"]"形，指尖朝前，虎口贴于左手掌心，然后一顿一顿向上移动几下
	民间 （一）双手食指搭成"人"字形，并顺时针平行转动一圈 （二）左手横立，手背向外，五指张开；右手食指在左手中指、无名指指缝间插一下

续表

图示	说明
（一）　（二）　（三）	福利会 （一）一手五指分开，手掌贴于胸部转一圈 （二）一手打手指字母"L"的指式 （三）双手直立，五指微曲，掌心相对，从两侧向中间合拢
（一）　（二）　（三）	基金会 （一）左手握拳，手背向上；右手握住左手腕部 （二）一手拇指、食指捏成圆形，微微晃动几下 （三）双手直立，五指微曲，掌心相对，从两侧向中间合拢
（一）　（二）	集团 （一）双手直立，五指微曲，掌心相对，从两侧向中间移动 （二）双手横伸，五指弯曲，相互勾住
（一）　（二）	主权 （一）一手伸出拇指，贴于胸部 （二）右手侧立，五指微曲，边向左做弧形移动边握拳
（一）　（二）	决策 （一）左手横伸；右手五指撮合，指尖朝下按于左手掌心 （二）右手先握拳，然后依次横伸出食指、中指、无名指、小指

图示	说明
（一） （二）	原则 （一）一手拇指、食指捏成圆形，虎口朝上 （二）右手直立，掌心向左，向左侧一顿一顿移动几下
（一） （二）	执政 （一）一手侧立，五指微曲，在胸前绕一大圆圈，然后用力握拳 （二）一手打手指字母"ZH"的指式
（一） （二）	控制 （一）左手横伸，掌心向上；右手侧立，五指张开，边向左手掌心移动边握拳 （二）左手横伸，掌心向上；右手侧立在左手掌心上，向下一切
（一） （二）	主张 （一）一手伸出拇指，贴于胸部 （二）一手食指直立，先置于口部，然后向外划出
	革命 一手握拳，然后向上一举

续表

图示	说明
(一) (二)	示威（游行） （一）双手直立，五指分开，掌心向前，一前一后，同时一顿一顿向前移动，如游行的队伍在前进 （二）一手握拳，然后向上一举
	宣誓 右手握拳向上举起，嘴做讲话状
(一) (二)	教训 （一）双手五指撮合，指尖相对，手背向外，前后微动两下 （二）一手伸中指、无名指、小指，指尖朝前置于口部，然后向前下方划动
(一) (二)	廉政 （一）一手打手指字母"L"的指式 （二）一手打手指字母"ZH"的指式
(一) (二)	廉洁 （一）一手打手指字母"L"的指式 （二）左手横伸，掌心向上；右手平伸，掌心贴于左手掌心，然后边向外移动边伸出拇指

续表

图示	说明
（一）　（二）	腐败 （一）左手食指直立；右手五指微弯曲，指尖在左手食指上做剥蚀动作 （二）一手伸小指，指尖朝前下方挥动一下
（一）　（二）	捣乱 （一）双手握拳，一上一下，右拳向下砸一下左拳 （二）双手五指弯曲，指尖相对，前后反向扭转两下
（一）　（二）	投机 （一）左手直立，五指张开，手背向外；右手伸食指，指尖对着左手来回移动，然后从左手任意一指缝钻出，表示找到了钻营的机会 （二）一手打手指字母"J"的指式
	操纵 左手虚握，手背向上；右手握住左手手腕，左右交替拉两下
	颠覆（推翻） 右手横伸，左手伸拇指、小指置于右手掌心上；然后右手翻掌，手背向上，将左手盖在下面

政治与法律

续表

图示	说明
	煽动 左手伸拇指、小指，直立在前；右手侧立于左手后面，并左右来回扇动几下
（一） （二）	霸权 （一）一手五指微曲，掌心向下，用力向下一按 （二）一手侧立，五指微曲，在胸前绕一大圆圈，然后用力握拳
（一） （二）	霸占 （一）一手五指微曲，掌心向下，用力向下一按 （二）双手五指弯曲，指尖相对，向下一顿，然后由外向内一搂
	阴谋 左手横伸，掌心向下；右手伸小指，指尖朝上，在左手掌心下转动两下，象征在隐蔽处策划坏事
（一） （二）	称霸 （一）双手伸出拇指，指尖朝上，在胸前上下交替移动几下 （二）一手五指微曲，掌心向下，用力向下一按

113

续表

图示	说明
（一）　　　（二）	妄图 （一）一手伸小指，向下挥动一下 （二）一手伸拇指、小指，先置于太阳穴处，然后向外做曲线移动
（一）　　　（二）	扶持（扶植） （一）右手横伸；左手伸拇指、小指，手背贴于右手掌心上，然后右手将左手扶起 （二）左手食指直立；右手五指并拢，指尖抵于左手食指根部，并推一下，表示撑腰之意
（一）　　　（二）	争辩 （一）双手拇指、食指相捏，指尖相对，反复张合几次 （二）双手食指横伸，指尖相对，在嘴前前后交替转动几下

短文

1. 创建全国残疾人工作示范城市，政府投入用于发展残疾人事业的资金达44.23亿元，建立各类为残疾人服务的机构2 000余家。120余万人次残疾人获得康复、培训、助学等方面服务，10余万名困难残疾人得到最低生活保障和各类救助，全市各有关委办局和企事业单位广泛参与，创造体现上海城市特点的工作实绩。2010年3月，上海市通过中国残联的验收，获得"全国残疾人工作示范城市"光荣称号。

2. 残疾人工作是社会建设领域的一个组成部分，面对复杂多样的社会需求，政府不可能大包大揽。面对残疾人工作，要转变观念、转变方式。残联作为人民团体，应该学会依靠社会力量，引进社会组织参与残疾人工作。开展工作前应合理规划、设计项目，以项目化管理手段推进工作的开展，以项目为导向带动工作方法的创新，改变我们传统的工作方法。什么事情都想自己做，什么事情都做不好。对于一些重要的、推动起来有一定难度的项目最好纳入市或区县政府实事，争取财政和相关部门的支持，加以重点推进。同时要充分发挥社会组织参与社会化管理、提供社会化服务的作用，通过项目导向提高服务的专业化水平，提高服务层次和技术等级，提高为残疾人服务的针对性和有效性。

课堂练习

一、能看、会打本节的词语和短文。

二、能听口语，用手语同步翻译短文。

《残疾人权利国际公约》

《残疾人权利国际公约》是联合国历史上第一个全面保护残疾人权利的国际法律文件，也是国际社会在21世纪通过的第一个人权公约。2006年12月经联合国大会批准。在每年举行的《残疾人权利国际公约》缔约国大会上，各国与会者对公约的执行情况和经验交流看法。

《残疾人权利国际公约》由序言和包括宗旨、定义、一般原则等在内的50项条款组成。公约宗旨是促进、保护和确保所有残疾人充分、平等地享有一切人权和基本自由，并促进对残疾人固有尊严的尊重。

公约的核心内容是确保残疾人享有与健全人相同的权利，并能以正式公民的身份生活，从而能在获得同等机会的情况下，为社会作出宝贵贡献。公约涵括了残疾人应享有的各项权利，诸如享有平等、不受歧视和在法律面前获得平等的权利；享有健康、就业、受教育和无障碍环境的权利；享有参与政治和文化生活的权利等。此外，该《公约》还就残疾人事业的国际合作提出了相应的措施。

据联合国方面的数据，全球残疾人总数超过10亿，其中至少有7.8亿处于工作年龄的残疾人面临着生理、社会、经济和文化上的诸多障碍，妨碍他们在教育、就业和医疗方面获得与其他人平等的机会。

长期以来，联合国为此作出了积极努力。联合国大会曾宣布1981年为"国际残疾人年"；1982年又通过了《关于残疾人的世界行动纲领》，并宣布1983年至1992年为"联合国残疾人十年"；1992年10月举行了自联合国成立以来首次关于残疾人问题的特别全会，并通过决议，确定每年12月3日为"国际残疾人日"；1993年又通过了《残疾人机会均等标准规则》。由于这些纲领、规则等都没有法律约束力，一些国家对残疾人的歧视非常普遍，致使残疾人仍处在社会的边缘。因此，世界上亟须一部保障残疾人权益的国际公约。

为保障残疾人的合法权益，2002年联合国设立一个特别委员会，专门负责起草《残疾人权利国际公约》。经过5年的艰苦谈判，2006年12月13日，第61届联合国大会以协商一致的方式通过了具有里程碑意义的《残疾人权利国际公约》，《残疾人权利国际公约》

于 2008 年 5 月 3 日正式生效。

三、能看手语，用口语同步翻译短文。

始终保持党同人民群众的血肉联系

历史告诉我们，要保持党同人民群众的血肉联系，就必须不断强化全党的宗旨意识，不断夯实立党为公、执政为民的思想基础。党的群众路线是党的根本工作路线，是保持党同人民群众血肉联系的法宝，是中国共产党最重要的政治优势。新形势下，有必要在党内普遍深入地进行马克思主义群众观点和党的群众路线的再教育，引起党员干部自觉地尊重人民群众、相信人民群众、依靠人民群众。

群众工作是我们党赖以联系群众的必不可少的渠道和桥梁，是实现党的任务的中心环节，是社会管理的基础性、根本性、经常性的工作。新形势下党同人民群众的关系面临着许多新情况，人民内部矛盾也呈现出许多新特点，我们的群众工作也面临许多新挑战。这就要求我们必须深入研究形势和任务的发展变化对群众工作提出的新要求，积极探索加强和改进群众工作的新途径、新办法、新机制，把群众工作贯穿到社会管理的各个方面、各个环节。

党的优良作风是党联系群众的强力黏合剂，是凝聚党心民心的巨大力量。在长期执政的条件下，在改革开放和发展社会主义市场经济的条件下，保持党同人民群众血肉联系的关键是一靠教育、二靠制度，是切实解决好党的思想作风、学风、工作作风、领导作风和干部生活作风方面的突出问题。要从各级领导干部和领导机关做起，反对官僚主义、形式主义，反对奢侈腐化、铺张浪费，倡导勤俭节约、勤俭办一切事业，努力做到在感情上贴近群众，思想上尊重群众，行动上深入群众。

第 2 节　行政管理与法律

学习目标

掌握"行政管理与法律"的基础手语动作

能够看懂"行政管理与法律"的基础手语动作，并能传译成汉语

能够用手语进行"行政管理与法律"的短文翻译；能够听口语，用手语同步翻译；并能传译成汉语

政治与法律

 技能要求

"行政管理与法律"的基础手语动作共包括 95 个词语,详见表 7—2。

表 7—2　　　　　　　　"行政管理与法律"的基础手语动作

图示	说明
(一)　(二)	行政 (一)一手打手指字母"X"的指式,并横向微动几下 (二)一手打手指字母"ZH"的指式
(一)　(二)	体制 (一)一手掌贴于胸部,然后向下移动 (二)双手直立,掌心相对,然后一顿一顿向左侧移动几下
	指示(指挥) 一手伸食指,指尖朝前,左右挥动几下
(一)　(二)	任命(使命) (一)右手成"〔"形,按向左肩上 (二)一手食指、中指并拢,指尖朝上,向下挥动一下
(一)　(二)	颁布 (一)双手直立,掌心相对,五指微曲,置于嘴旁,然后向外伸开 (二)双手并排直立,掌心向外,自上而下移动,如贴布告状

续表

图示	说明
（一） （二）	章程 （一）左手横伸；右手拇指、食指、中指撮合，指尖朝下按在左手掌心上 （二）一手握拳，然后依次横伸出食指、中指、无名指、小指
（一） （二）	提案（议案） （一）一手食指横伸，自嘴部向前伸出 （二）左手成"[" 形，虎口朝上；右手五指并拢，指尖朝下插入左手虎口内
（一） （二）	方案 （一）双手拇指、食指搭成方形 （二）左手成"[" 形，虎口朝上；右手五指并拢，指尖朝下插入左手虎口内
（一） （二）	档案 （一）双手五指张开，掌心向下，上下相叠，搭成格子形 （二）左手成"[" 形，虎口朝上；右手五指并拢，指尖朝下插入左手虎口内
（一） （二）	咨询 （一）一手平伸，掌心向上，向前微移一下，表示征求之意 （二）一手食指横伸，自嘴部向前伸出

续表

图示	说明
（一）　（二）	评议 （一）双手平伸，掌心向上，上下交替动几下 （二）双手食指横伸，在嘴前前后交替转动两下
（一）　（二）	倡议（建议） （一）左手伸拇指；右手五指撮合置于左手旁，然后边向外做弧形移动边放开五指，表示将好的东西宣传出去 （二）一手食指横伸，自嘴部向前伸出
（一）　（二）	解释 （一）双手五指微曲，指尖朝下，手背相对，同时向两侧扒动两下 （二）一手食指横伸，在嘴部前后转动几下
	处分（处罚） 左手伸出小指，指尖朝上；右手食指、中指并拢，由上而下挥向左手小指
（一）　（二）	警告 （一）一手食指指在太阳穴处，同时头微抬起 （二）一手五指撮合，指尖朝外，从嘴部边向前移动边张开五指

续表

图示	说明
	治理 （一）一手打手指字母"ZH"的指式 （二）双手侧立，掌心相对，一顿一顿向左侧移动几下
	暂行 （一）双手食指直立，相距约 5 cm；然后左手侧立，右手伸出拇指、食指，拇指尖抵于左手掌心，食指向下转动一下 （二）双手平伸，掌心向下，交替向前移动几下
	撤销（取消） 左手直立，掌心向右；右手五指在左手掌心上一抓，再向下一甩
	撤换 （一）左手直立，掌心向右；右手五指在左手掌心上一抓，再向下一甩 （二）双手食指直立，然后再左右交叉互换位置
	协作 （一）双手食指互相勾住 （二）双手握拳，一上一下，右拳向下砸一下左拳

图示	说明
（一）　（二）	协调 （一）双手食指互相勾住 （二）双手五指撮合，指尖上下相对，交替平行转动两下
（一）　（二）	协商 （一）双手食指互相勾住 （二）左手横伸；右手伸出拇指、食指、中指，食指、中指并拢在左手掌心转两下
（一）　（二）	表决 （一）右手直立，掌心向左举过头 （二）左手横伸；右手五指撮合，指尖朝下按于左手掌心上
（一）　（二）	歌颂 （一）一手食指指尖抵在喉部，嘴微微张开，头向两侧微摆，如唱歌状 （二）双手向前伸出拇指
（一）　（二）	普查 （一）双手平伸，掌心向下，由中间向两侧移动并张开五指 （二）双手拇指、食指、中指相捏，指尖朝下，上下交替移动几下

图示	说明
	落实 左手横伸；右手食指、中指相叠，由上而下移至左手掌心上
（一）　（二）	保密 （一）双手斜伸，掌心向外，同时向前按一下 （二）一手食指、中指相叠贴在嘴唇中部
（一）　（二）	手续 （一）左手横伸，掌心向下；右手拍一下左手手背 （二）一手握拳，然后依次横伸出食指、中指、无名指、小指
（一）　（二）	混淆 （一）双手五指弯曲，指尖相对，一上一下，交替平行转动几下 （二）双手五指弯曲，指尖相抵，前后反向扭转几下
（一）　（二）	执行 （一）一手捂于耳部，头向前微倾一下 （二）双手平伸，掌心向下，交替向前移动几下

续表

图示	说明
（一）　（二）	监察 （一）左手伸拇指、小指；右手食指、中指分开，置于眼前，指尖对着左手拇指指一下 （二）右手食指、中指分开，指尖朝前，在眼前做弧形水平移动
（一）　（二）	仲裁 （一）一手打手指字母"ZH"的指式 （二）一手食指、中指并拢，指尖朝上，向下挥动一下
（一）　（二）	宪法 （一）一手打手指字母"X"的指式 （二）一手打手指字母"F"的指式，然后向下微动一下
（一）　（二）	民法 （一）双手食指搭成"人"字形，并顺时针转动一圈 （二）一手打手指字母"F"的指式，然后向下微动一下
（一）　（二）	法令 （一）一手打手指字母"F"的指式，然后向下微动一下 （二）一手食指、中指并拢，指尖朝前挥动一下

续表

图示	说明
（一）　（二）	规则 （一）右手横立，由外向内一顿一顿移动几次 （二）右手直立，掌心向左，向左侧一顿一顿移动几次
（一）　（二）	准则 （一）左手食指直立；右手侧立，指尖对准左手食指 （二）右手直立，掌心向左，向左侧一顿一顿移动几次
（一）　（二）	守则 （一）双手臂横伸相搭，挺胸抬头端坐 （二）右手直立，掌心向左，向左侧一顿一顿移动几次
（一）　（二）	继承 （一）双手伸食指，指尖斜向相对，同时向斜下方移动 （二）右手成"]"形，按向左肩上
（一）　（二）	遗产 （一）左手横立，掌心向内，五指分开；右手拇指、食指相捏，从左手拇指开始依次向下移动 （二）左手成半圆形，虎口朝上；右手五指撮合，指尖朝上，边从左手虎口内伸出边放开五指

政治与法律

续表

图示	说明
（一）　（二）　（三）	户口簿 （一）双手搭成"∧"形 （二）一手食指沿口部转一圈 （三）双手横伸，手掌相贴，左手在下不动，右手向上翻开
	拉拢（笼络） 左手伸出拇指、小指；右手食指勾住左手拇指，然后向后拉动
	贿赂 左手臂横伸；右手拇指、食指捏成圆形，向左手臂下塞入，表示暗中用钱行贿
（一）　（二）	侵吞 （一）双手五指张开，一前一后，交替向前移动，做抓物状 （二）右手五指张开，掌心向下，然后转手腕，五指撮合做送物到嘴边动作，同时嘴做吞物状
（一）　（二）	假冒 （一）右手直立，掌心向左，拇指抵于鼻前，其他四指微微扇动几下，面露怀疑神态 （二）左手成半圆形，虎口朝上；右手打手指字母"M"的指式，从左手虎口里伸出来

125

续表

图示	说明
	欺骗（狡猾） 一手五指并拢成尖形，指尖朝前，腕部转动几下
	挑拨 双手食指弯曲，指尖朝上，置于身体两侧，然后同时向上挑动几下
（一）　　（二）	谣言 （一）右手直立，掌心向左，拇指抵于鼻前，其他四指微微扇动几下，面露怀疑神态 （二）一手食指横伸，在嘴部前后转动几下
	侮辱（欺负） 左手伸拇指、小指；右手随意推打几下左手拇指，象征侮辱一个人
（一）　　（二）	卖淫 （一）双手横伸，掌心向上，右手背在左手掌心拍一下，然后向外移动 （二）一手打手指字母"Y"的指式

续表

图示	说明
（一）　（二）	嫖娼 （一）双手伸拇指、小指，顺时针平行交替转动几下 （二）一手拇指、食指捏住耳垂
（一）　（二）	强奸 （一）左手伸拇指；右手拇、食指卡在左手拇指指背处，然后用力向下按 （二）左手食指、中指与右手小指搭成"干"字，右手小指再向下移动一下
（一）　（二）	拐卖 （一）左手伸拇指、小指；右手食指勾住左手拇指，然后向后拉动一下 （二）双手横伸，掌心向上，右手背在左手掌心拍一下，然后向外移动
（一）　（二）	虐待 （一）左手伸拇指、小指；右手随意推打几下左手拇指，象征侮辱一个人。 （二）双手拇指、食指伸出成"⌐⌐"形，置于脸颊两侧，然后向前推出
（一）　（二）	匿名 （一）一手五指捂住嘴部 （二）左手中指、无名指、小指横伸；右手伸食指，从左手中指指尖向下划动

续表

图示	说明
	检举 一手拇指、食指捏住另一手小指，并向上提起
	破获 （一）双手拇指、食指相捏，指尖相对，然后向上方掰动 （二）右手五指抓住左手小指，向胸前一拉，表示抓住了坏人
	缴获 （一）左手平伸，掌心向上；右手伸拇指、食指对着左手指，然后左手转腕，指尖朝向胸口，表示迫使敌人缴械 （二）双手侧立，五指弯曲，掌心相对，然后由外向内收进
	搜查 （一）双手掌心在胸部、腰部拍几下，如搜身状 （二）双手拇指、食指、中指相捏，指尖朝下，在胸前上下交替动几次
	侦查 （一）左手横伸，掌心向下，贴于前额；右手食指、中指分开，指尖朝前，在眼前做弧形水平移动 （二）双手拇指、食指、中指相捏，指尖朝下，在胸前上下交替动几次

政治与法律

续表

图示	说明
	侦探 左手横伸，掌心向下，贴于前额；右手食指、中指分开，指尖朝前，在眼前做弧形水平移动
（一）　（二）	**起诉** （一）双手平伸，掌心向上，同时向上抬起 （二）一手打手指字母"S"的指式，指尖朝前置于嘴边，然后向前上方来回移动两下
（一）　（二）	**控告** （一）一手打手指字母"K"的指式 （二）一手五指撮合，指尖朝外，从嘴部边向前移动边张开五指
	诉讼 一手打手指字母"S"的指式，指尖朝前置于嘴边，然后向前上方来回移动两下
（一）　（二）	**肇事** （一）左手伸拇指、小指；右手伸小指朝左手拇指点一下，然后迅速收回 （二）一手食指、中指相叠，指尖朝上

续表

图示	说明
（一）　（二）	侵害 （一）双手五指张开，一前一后，交替向前移动，做抓物状 （二）左手伸拇指，置于胸前；右手伸小指，向左手拇指指一下
（一）　（二）	摧残 （一）左手直立，掌心向内；右手横伸置于左手指尖上，然后向下一压，左手五指弯曲 （二）一手打手指字母"C"的指式
（一）　（二）	驳回 （一）双手食指直立，一前一后，后指打一下前指，前指倒下，后指直立 （二）一手伸拇指、小指，由内向外移动一下
（一）　（二）	调解 （一）双手五指撮合，指尖上下相对，交替平行转动两下 （二）双手五指微曲，指尖朝下，指背相对，向两侧扒动两下
（一）　（二）	陪审 （一）双手食指直立，一左一右同时向前移动，如一个人陪着另一个人 （二）左手伸拇指、小指；右手食、中指分开，指尖对着左手拇指转一圈

续表

图示	说明
（一）　　（二）	案例 （一）左手成"〔"形，虎口朝上；右手五指并拢，指尖朝下插入左手虎口内 （二）一手打手指字母"L"的指式
（一）　　（二）	通缉 （一）一手五指并拢，指尖朝前，从嘴部向前伸出，同时张开五指 （二）右手五指抓住左手小指，向胸前一拉，表示抓住了坏人
	走私 左手臂横伸，握拳；右手五指并拢弯曲如船形，然后从左手臂下伸出，表示偷渡走私
（一）　　（二）	缉私 （一）右手五指抓住左手小指，向胸前一拉，表示抓住了坏人 （二）左手臂横伸，握拳；右手五指并拢弯曲如船形，然后从左手臂下伸出，表示偷渡走私
（一）　　（二）	人质 （一）双手食指搭成"人"字形 （二）左手伸拇指、小指；右手拇指、食指捏成圆形圈套在左手拇指上

续表

图示	说明
（一）　（二）	告状 （一）一手五指撮合，指尖朝前，置于嘴边，然后边向前移动边放开五指 （二）左手横伸；右手伸小指，置于左手掌心上，然后双手同时向前上方移动，表示对不公正问题进行诉状
（一）　（二）	查封 （一）双手拇指、食指、中指相捏，指尖朝下，在胸前上下交替动几下 （二）双手食指、中指并拢搭成"×"形，并同时向两侧斜下方移动
	贪污 双手拇指、食指先搭成"公"字形，然后一手放入口袋内，表示将公款占为己有
（一）　（二）	挪用 （一）双手五指撮合，指尖朝下，然后互换位置 （二）右手平伸，掌心向上，由外向内边移动边收拢五指
（一）　（二）	伪造 （一）右手直立，掌心向左，拇指抵于鼻前，其他四指微微扇动几下，面露怀疑神态 （二）双手握拳，一上一下，右拳向下砸一下左拳

政治与法律

续表

图示	说明
	诽谤（污蔑） 左手伸拇指、小指；右手伸小指置于嘴前，然后移向左手拇指，面带恶意
（一）　（二）	触犯 （一）左手伸拇指、小指；右手食指朝左点一下，表示触及之意 （二）一手伸小指，指尖朝前移动一下
（一）　（二）	首恶 （一）左手伸拇指；右手伸食指碰一下左手拇指尖 （二）一手伸小指，向下一甩
（一）　（二）	教唆 （一）双手五指相捏，指尖相对，手背向外，微微动几下 （二）左手伸拇指、小指；右手伸小指，指尖对着左手拇指左右移动几下
（一）　（二）	收容 （一）双手平伸，掌心向上，边向内移动边收拢五指 （二）左手横伸；右手伸拇指、小指，置于左手掌心上，然后移向胸前

图示	说明
（一）　（二）	教养 （一）双手五指相捏，指尖相对，手背向外，微动几下 （二）左手食指直立；右手五指撮合，边移向左手食指边张开五指
（一）　（二）	宣判 （一）双手直立，掌心相对，五指微曲，置于嘴两侧，然后向外移动 （二）一手食指、中指并拢，用力向前下方挥动
（一）　（二）	判刑 （一）一手食指、中指并拢，用力向前下方挥动 （二）双手食指、中指搭成"开"字形，然后右手食指在"开"字旁书空"刂"形，仿"刑"字形
（一）　（二）	缓刑 （一）左手伸小指；右手拇指、食指捏住左手小指向右下方拖一下 （二）双手食指、中指搭成"开"字形，然后右手食指在"开"字旁书空"刂"形，仿"刑"字形
（一）　（二）	死刑 （一）右手伸拇指、小指，然后手腕向右翻转，象征死亡 （二）双手食指、中指搭成"开"字形，然后右手食指在"开"字旁书空"刂"形，仿"刑"字形

续表

图示	说明
	处决 左手食指直立；右手伸拇指、食指对准左手食指，然后右手食指做扣动手枪扳机动作
（一）　（二）	监狱 （一）双手五指分开，指尖上下相对，互碰一下 （二）双手搭成"∧"形
（一）　（二）	抗拒 （一）双手握拳屈肘，两拳相抵，然后右拳将左拳向左上方顶出，表示抗争之意 （二）一手直立，掌心向外推出，同时头侧向一边，表情严肃
（一）　（二）	从严 （一）双手食指、中指搭成"从"字形 （二）一手食指指尖绕脸部一圈，然后抵于面颊，表情严肃
（一）　（二）	挽救 （一）双手斜伸，掌心向前，按动几下 （二）右手横伸；左手伸拇指、小指，平放在右手掌心上，然后右手将左手托起竖立

短文

1. "十二五"期间，遵照中残联"两个体系"建设的指导思想和基本原则，上海必须加快推进残疾人事业各项重点任务，确保全市残疾人的基本生存发展需求得到制度性保障，确保残疾人服务的个性化、专业化程度得到显著提高，确保残疾人全面、平等参与社会生活的自身条件和外部环境均得到明显改善。到2015年，建成覆盖全市、功能健全、合力强大、效率突出的残疾人社会保障和服务体系，残疾人事业各项支撑条件得到显著强化，残疾人与健全人之间、城乡残疾人之间的差别明显缩小，力争构建与上海市经济发展水平相适应的高水平的残疾人事业发展示范城市，使残疾人与全市人民一道向更高水平的小康社会迈进。

2. 随着社会发展的速度越来越快，人们的生活节奏和工作节奏都不断加快，因而会产生这样那样的心理问题。残疾人是一个特殊的群体，不可避免地会遇到各种心理问题，需要我们的政府领导、残联干部、专门协会和一切关心残疾人的人们，在关注残疾人温饱的同时，关注残疾人的心理健康问题。每一个残疾人，也要像关注自己的身体健康一样，关注自己的心理健康，保持乐观平和的精神状态，更好地融入到整个社会中去，让我们的世界更加和谐。

课堂练习

一、能看、会打本节的词语和短文。
二、能根据手语视频录像笔译成汉语。

提高残疾人保障水平

在1990年制定《残疾人保障法》时，"社会救助""社区建设"等概念尚未明确提出，修订后的《残疾人保障法》应该与社会保障事业发展的新格局、新思路相适应，把残疾人的保障纳入相关领域，以提高保障水平。比如，上海19 000多名救助对象中13%是残疾人，在救助、城乡最低生活保障等领域充分体现国家和社会对残疾人的特别扶助与照顾。社区规划和建设也应体现对残疾人权益的保障，比如社区内的无障碍设施，残疾人康复、教育和娱乐设施等。

《残疾人保障法》修订时，人们还就法律条款的文字提出一些具体的修改建议。比如，随着分散安置残疾人数量的增多，建议把《残疾人保障法》第二十八条改为"实行分散与集中相结合的方针安排残疾人就业"；第三十五条职工教育的内容也应加强。

近十多年来，全国人大先后对20个省的残疾人保障法执行情况进行了检查，地方各级人大和政府也加强了对残疾人保障法的执行和监督力度，促进了残疾人事业的发展，不断提高残疾人保障水平。

三、能听口语，用手语同步翻译短文。

上海推进八个大型社区配套设施建设

子女上学、就医住院、就近购物……宝山顾村、嘉定江桥、闵行浦江、松江泗泾、青浦华新、浦东三林等八个新建大型社区的"开门七件事"，政府将提供专项资金补贴及政策倾斜，在2010年年底前进行全面落实。昨日，《关于推进本市大型居住社区市政公建配套设施建设和管理的若干意见》正式出台，大型居住社区市政配套今后将更有保障。

在新出台的政策中就明确表示，将以宝山顾村、嘉定江桥、闵行浦江、松江泗泾等八个建设基地为重点，加快推进市政公建配套设施建设，努力满足居民的出行、就医、就学、购物等基本生活需求，不断提高居住社区宜居水平。

"加大政府投入力度，各项政策向建设基地聚焦，并适当倾斜。"在相关规定中明确提出了，在这些大型居住社区的外围市政、教育设施、卫生设施、商业服务建设等多方面，将给予专项资金补贴和政策倾斜。其中，这些社区建开往中心城区的始发线路，实行单一票价；中小学、幼儿园的开办费用，由政府部门根据建设基地导入人口规模、建设要求，在原有标准基础上增加一倍；卫生设施配套方面，由市发改委根据建设标准和规模，给予社区卫生服务中心标准化建设的土建费用一次性500万元补贴；商业配套设施建成后，由建设基地所在区按照成本价收购；社区文化活动中心由文化专项资金按平均250万元的标准补贴，敬老院每张新增床位补贴5 000元。

目前，八个保障性建设住房基地之一——浦东曹路配套房基地，已率先完成一期市政道路桥梁工程，并通过质量验收，即将交付使用。

市政府承诺：在2010年年底前，上海将基本完成已建、在建基地配套设施的全面建设、接管、开办和运营，与住宅建设同步完成新拓展建设基地配套设施建设。这意味着，届时这些大型社区的居民将不用再担心自己的生活会遭遇不便。

四、能看手语，用口语同步翻译短文。

论"保增长、保民生、保稳定"

在我国经济发展的关键时期，继续坚定地做好保增长、保民生、保稳定各项工作，对于保持经济社会又好又快发展具有特殊重要的意义。

今年以来经济发展的良好态势，可以用"四个一"来概括：一个"回升"，经济增长速度由一季度的6.1%回升至二季度的7.9%；一个"推进"，产业结构调整加快推进；一个"深化"，国有企业、金融财税、价格等重点领域改革进一步深化；一个"改善"，就业、教育、医疗、社会保障等稳步发展，民生进一步得到改善。

在国际金融危机严峻挑战面前，这样的成绩来之不易。事实充分证明，中央提出的保增长、保民生、保稳定的指导方针是完全正确、非常有效的。

手语翻译人员（高级）

我们正处在应对金融危机冲击、保持经济平稳较快发展的关键时期，改革发展稳定仍然面临不少问题，要克服困难、化解风险、应对挑战，就必须全面落实中央决策部署，在保增长、保民生、保稳定中为经济社会发展积累和创造更加有利的条件。

保增长、保民生、保稳定，体现了科学发展观的要求，事关当前党和国家工作的大局。保增长是关键，保民生是根本，保稳定是条件，三者互相联系，是一个有机整体，必须全面落实。

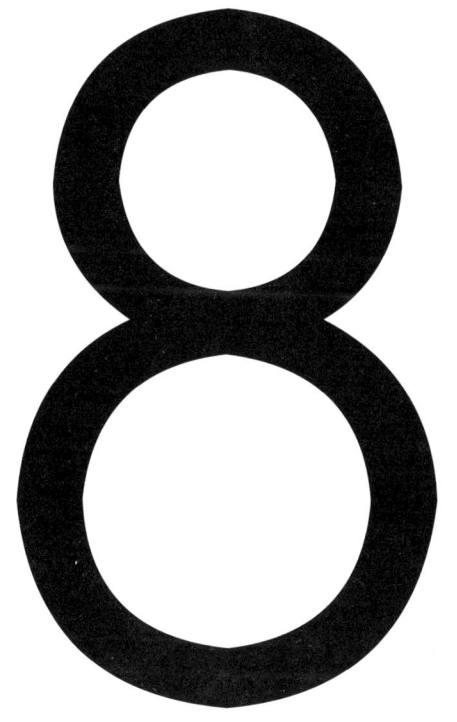

第 8 章

国防与外交

学习目标

掌握"国防与外交"的基础手语动作

能够看懂"国防与外交"的基础手语动作,并能传译成汉语

能够用手语进行"国防与外交"的短文翻译;能够听口语,用手语同步翻译;并能传译成汉语

 技能要求

"国防与外交"的基础手语动作共包括28个词语,详见表8—1。

表8—1　　　　　　　　"国防与外交"的基础手语动作

图示	说明
	军 右手横伸,掌心向下,贴于前额
	师 一手打手指字母"SH"和"I"的指式
	队伍 双手直立,五指分开,一前一后排成一列,然后分别向前后方移动

国防与外交

续表

图示	说明
（一）　（二）	民兵 （一）双手食指搭成"人"字形，并顺时针转一圈 （二）右手横伸，掌心向下，贴于前额
（一）　（二）	士兵 （一）一手食指书空"士"字 （二）右手横伸，掌心向下，贴于前额
（一）　（二）	哨兵 （一）双手虚握，手背向外，一上一下，如握枪状 （二）右手横伸，掌心向下，贴于前额
（一）　（二）	战略 （一）双手伸拇指、食指，食指对戳一下，象征互相射击 （二）左手横伸，掌心向下；右手五指并拢，指尖朝下沿左手小指边缘划一下
（一）　（二）	情报 （一）双手直立，掌心相贴，左手不动，右手向前转一下 （二）双手横伸，五指微曲，一上一下，掌心相对，从嘴部向前移动一下

141

续表

图示	说明
（一）　　　　（二）	部署 （一）双手平伸，掌心向下，向两侧随意按动几下 （二）一手五指撮合，指尖朝下，向一侧一顿一顿移动几下
（一）　　　　（二）	坚守 （一）一手食指指尖抵于面颊部，面露坚定神态 （二）双手虚握，手背向外，一上一下，如握枪状
（一）　　　　（二）	抵挡 （一）左手食指指尖朝内；右手直立，掌心抵住左手食指，然后用力向外一推 （二）双手直立，掌心向外一推
（一）　　　　（二）	埋伏 （一）左手平伸；右手伸拇指、小指，向左手掌心下移动，同时，拇指、小指蜷曲 （二）左手横伸，掌心向下，置于眼、鼻之间，目光直视，如露出半个头部侦察状
（一）　　　　（二）	阻击 （一）右手横立；左手直立，掌心抵住右手指尖，然后向左一推 （二）一手握拳，向前一击

国防与外交

续表

图示	说明
（一）　　　（二）	行军 （一）双手直立，五指分开，一前一后排成一列，然后一顿一顿向前移动 （二）右手横伸，掌心向下，贴于前额
（一）　　　（二）	长征 （一）双手食指直立，从中间向两侧拉开 （二）一手食指、中指叉开，指尖朝下，交替向前迈进，如走路状
	侵略 双手五指张开，一前一后，交替向前移动，如抓物状
	占领 （一）双手五指弯曲，指尖相对，向下一顿，然后由外向内一搂 （二）左手横伸，掌心向上；右手侧立，五指张开，边向左掌心移动边握拳
（一）　　　（二）	征服 （一）左手伸食指，指尖朝上；右手平伸，掌心向下压一下左手食指 （二）一手手掌贴于耳部，头微微倾一下

143

图示	说明
（一）　（二）	收复 （一）双手平伸，掌心向上，边向内移动边收拢五指 （二）左手横伸，掌心向上；右手平伸，掌心先贴于左手掌心，然后翻转一下
（一）　（二）	会谈 （一）双手伸拇指、小指，由两侧向中间移动一下 （二）双手食指横伸，指尖相对，在嘴前交替转动几下
（一）　（二）	条约 （一）双手拇指、食指张开，指尖相对，由中间向两侧拉开 （二）双手拇指、食指、中指相捏，同时向下按一下
（一）　（二）	协定 （一）双手食指相互勾住 （二）一手食指直立，向下挥动一下
（一）　（二）	协议 （一）双手食指相互勾住 （二）一手握拳，虎口朝上，逐一伸出食指、中指、无名指、小指

国防与外交

续表

图示	说明
	驱逐（开除） 左手伸拇指、小指；右手横立于左手后，然后用力拍击左手拇指指背，左手随之向前移动
（一）　（二）	装备 （一）双手伸食指，指尖朝前，先互碰一下再向两侧移动，同时放开五指 （二）双手横伸，手心向下，右手边拍打左手手背边向左侧移动
	降落伞 左手五指朝下张开；右手拇指、小指伸出，置于左手下，双手同时由上向下移动，如降落伞下降状
（一）　（二）	国宾 （一）一手打手指字母"G"的指式，并顺时针平行转动一圈 （二）双手伸出拇指，互碰两下
	隐蔽（隐藏、躲避） 左手平伸，掌心向下；右手伸拇指、小指，边向左手掌下移动，边蜷曲拇指、小指

145

短文

1. 上海市舞蹈学校弥漫着浓厚的艺术氛围，但是一般情况下是谢绝参观的。从上海第一聋校、第四聋校和浦东特殊学校挑选的40多名聋孩子组成的新苗舞蹈团，每两个星期到舞蹈学校进行一次集中训练。聋孩子的训练配有四五个老师，这些老师大多都会手语。老师一声令下，孩子们迅速地脱掉外衣、鞋子，换上了专门的训练服，穿上了舞蹈鞋。训练开始，在老师的引领下，孩子们踩大跨、压小跨、搬肩、搬胸、滚地、翻身……一个个练得非常认真，非常刻苦。舞蹈学校的领导和老师对孩子们的表现都相当满意，他们满怀信心，相信这些"丑小鸭"经过努力，一定能成为"白天鹅"。

2. 残疾人事业发展纲要指出：高举中国特色社会主义伟大旗帜，坚持以邓小平理论和"三个代表"重要思想为指导，深入贯彻科学发展观，全面落实《中共中央国务院关于促进残疾人事业发展的意见》，加快推进社会保障体系和服务体系建设，使残疾人基本生活、医疗、康复、教育、就业等基本需要得到比较完善的制度保障，努力实现残疾人生活总体达到小康水平，促进残疾人状况改善和全面发展，为残疾人平等参与社会生活创造更好的环境和条件，为全面建设小康社会和构建社会主义和谐社会作出贡献。

课堂练习

一、会打、能看本节的词语和短文。

二、能根据手语视频录像笔译成汉语。

与残疾人牵手同行

在改革开放的新时代，残疾人是日益壮大的社会主义祖国大家庭的一员，残疾人事业是中国特色社会主义事业的重要组成部分。各级党组织和政府要始终如一地关心和支持残疾人事业发展，努力推进残疾人社会保障体系和服务体系建设，切实解决好残疾人最关心、最直接、最现实的利益问题，使残疾人基本生活和康复、教育、就业等基本需求得到稳定的制度性保障。

社会各界要继续发扬中华民族传统美德，广泛开展志愿者助残等群众性社会助残活动，不断拓展帮扶内容、创新帮扶形式，使扶残助残成为精神文明建设和和谐创建活动的重要内容，成为持久的经常性的群众性自觉行动。

希望广大残疾人以自强模范为榜样，继续发扬自尊、自信、自强、自立精神，用崇高的理想激励自己，用昂扬的志气鼓舞自己，用丰富的知识充实自己，在改革开放和社会主义现代化建设的伟大实践中建功立业。

三、能听口语，用手语同步翻译短文。

山羊的忠告

白猫吃过午饭，就躺在院子里呼呼睡觉。黑狗发现院门外有陌生人走过，一边大声叫一边飞快地向外冲，不小心踩在了白猫的尾巴上。白猫惊醒后，用手指着黑狗的眼睛，十分生气地说："我睡觉你叫个不停，还故意踩我尾巴，难道你眼睛瞎了！"

黑狗指着白猫的鼻子，火爆爆地说："我时刻警惕地守护这个家，防止小偷钻空子，你却舒舒服服在这里睡午觉。懒猫，踩死你也不能怪我！"

白猫听了黑狗的话，更加生气，大声说："我整个晚上都在捉老鼠，白天休息一会儿难道不应该？狗东西，你故意踩我，是成心和我过不去！"

白猫和黑狗都以为自己有理，大吵了一场，从此他们谁也不理谁。一天，山羊对白猫说："你和黑狗并没有大的矛盾，只是为了一点小事，你们吵架双方都有错，应该相互道歉认错，尽快和好。"

白猫想了想，说："我和黑狗确实没有什么大的矛盾，如果黑狗来向我道歉认错，我就原谅他。"

山羊又去对黑狗说："你和白猫并没有大的矛盾，只是为了一点小事，你们吵架双方都有错，应该相互道歉认错，尽快和好。"

黑狗想了想，说："我和白猫确实没有什么大的矛盾，如果白猫来向我道歉认错，我就原谅他。"

时间过去很久了，山羊见白猫和黑狗还是没有和好，就问白猫为什么还不和黑狗和好？白猫说，我一直在等待黑狗先来向我道歉认错，他一直没有来呀！山羊又问黑狗为什么不向白猫道歉认错？黑狗说，我一直在等待白猫先来向我道歉认错，他一直没有来呀！

山羊把白猫和黑狗叫到一起，语重心长地对他们说："你们以为自己先向对方道歉认错很没有面子，都等着对方先向自己道歉认错，这样怎么能够和好呢？其实，原谅别人，敢于检讨自己，主动道歉才说明你有教养、有风度啊！"

四、能看手语，用口语同步翻译短文。

人民有信仰，国家才有力量

一个国家的强盛，离不开精神的支撑；一个民族的进步，有赖于文明的成长。我们常说，中华民族的伟大复兴，不仅要在经济发展上创造奇迹，也要在精神文化上书写辉煌。今天，在全面深化改革的进程中，焕发什么样的精气神，才能引领思潮、凝聚共识？在追逐中国梦的伟大奋斗中，弘扬什么样的价值观，才能使我们的国家、民族、人民在思想和精神上更加强大？"倡导富强、民主、文明、和谐，倡导自由、平等、公正、法治，倡导爱国、敬业、诚信、友善，积极培育和践行社会主义核心价值观。"党的十八大从国家、社会和公民三个层面概括了社会主义核心价值观的价值目标、价值取向和价值准则。这三个"倡导"，勾绘出一个国家的价值内核、一个社会的共同理想、亿万国民的精神家园，在全社会激发起强烈的共鸣。

　　物质贫乏不是社会主义，精神空虚也不是社会主义。发展起来以后的中国，对精神信仰、伦理道德、社会风尚的关注更甚以往，对主流价值和共同信念的归属感尤为强烈。倒地老人"扶还是不扶"的热烈讨论，折射出人们对道德良知的珍视与焦灼；教育公平、就业公平、司法公正一再成为舆论焦点，道出了人们对社会规则的态度和期望；构建现代文明的国家理念，体现了为公民营造踏实的幸福感、让国家铸就更强软实力的理想和追求。人生需要信仰驱动，社会需要共识引领，发展需要价值导航。三个"倡导"的指导要求，正对应这三个层面的时代要求，可谓大势所趋、正当其时。这是党的十八大以来，社会主义核心价值观引发热议、产生认同、赢得共鸣的原因所在。

　　历史证明，一个国家和民族，贫弱落后固然可怕，但更可怕的是精神空虚。失去了理想信仰，内心没有约束，行为没有顾忌，再多的外部要求也会"法令滋彰，盗贼多有"；丢失了主导价值，没有了明确准则，冲破了道德底线，再丰裕的物质生活，也难免"金玉其外，败絮其中"。近代以来，中国人民的奋斗目标、"中国梦"的重要内涵，就是在寻求国家的价值内核，实现社会的共同理想，构建国民的精神家园。在这样的意义下，社会主义核心价值观是人生奋斗的梦想之舵，是中华民族的精神之"钙"，是当代中国的兴国之魂。

　　人民有信仰，国家才有力量。将社会主义核心价值观的教育宣传活动，融入国民教育和精神文明建设全过程，同改革开放的实践经验和伟大成就联系起来，同全面建成小康社会的奋斗目标联系起来，我们就能不断形成更加广泛的价值认同，这不仅为国家发展助力，更为民族进步铸魂。

第 9 章

文化、教育、体育与卫生

手语翻译人员（高级）

 **学习目标**

掌握"文化、教育、体育与卫生"的基础手语动作

能够看懂"文化、教育、体育与卫生"的基础手语动作，并能传译成汉语

能够用手语进行"文化、教育、体育与卫生"的短文翻译；能够听口语，用手语同步翻译；并能传译成汉语

 技能要求

"文化、教育、体育与卫生"的基础手语动作共包括45个词语，详见表9—1。

表9—1　　　"文化、教育、体育与卫生"的基础手语动作

图示	说明
（一）　（二）	题材 （一）左手横立，五指分开；右手拇指、食指张开，相距约2 cm，从左手拇指旁往右移动 （二）双手食指指尖朝前互碰一下，然后向两侧分开，并张开五指
（一）　（二）	诗歌 （一）一手食指、中指、无名指、小指弯曲；由上而下点动几下，如一行行的诗句 （二）一手食指指于喉部，嘴微张，头向两侧微摆，如唱歌状
（一）　（二）	论文 （一）一手打手指字母"L"的指式，平行转动两下 （二）一手食指书空"文"字

续表

文化、教育、体育与卫生

图示	说明
	封面 （一）双手并排平伸，掌心向上，然后左手翻动，双手掌心相合，如合书状 （二）左手侧伸，掌心向内；右手轻摸一下左手手背
	印刷 双手平伸，掌心相对，指尖相抵，右手向下按动两下
	出版 （一）一手伸出拇指、小指，指尖朝前，由内向外移动一下 （二）双手平伸，掌心相对，指尖相抵，右手向下按动两下
	版权 （一）双手平伸，掌心相对，指尖相抵，右手向下按动两下 （二）右手侧立，五指边分开，边向左侧做弧形移动边握拳
	刊物 （一）左手食指、中指和右手食指先搭成"干"字，然后右手食指在左手旁书空"刂"形，仿"刊"字形 （二）双手食指指尖朝前互碰一下，然后向两侧分开，并张开五指

151

续表

图示	说明
(一) (二)	资料 (一) 一手打手指字母"Z"的指式 (二) 双手食指指尖朝前互碰一下，然后向两侧分开，并张开五指
(一) (二)	观摩 (一) 一手食指、中指分开，指尖朝前，从眼部向前一伸 (二) 一手五指撮合，按于前额
	演讲 右手食指横伸，在嘴部前后转动几下，同时头左右微移，模仿演讲者的姿态
(一) (二)	名胜 (一) 一手伸出拇指、食指，食指指尖抵于耳部，然后边向外移动边缩回食指 (二) 一手伸出拇指，向上一挑
	浏览 左手斜伸，掌心向内，置于面前；右手食指、中指分开，指尖对着左手掌心由左向右，自上而下做快速移动，表示大略地看

续表

图示	说明
（一） （二）	酒吧 （一）一手打手指字母"J"的指式放在嘴边，做喝酒状 （二）一手打手指字母"B"的指式
（一） （二）	展览馆 （一）双手直立，掌心向内，由中间向两侧一顿一顿移动几下，表示陈列的展板 （二）双手搭成"∧"形
（一） （二）	光盘 （一）一手五指撮合，指尖朝斜下方，然后张开五指 （二）双手拇指、食指搭成一个圆形，如"光盘"大小
（一） （二）	卡拉OK （一）一手虚握，虎口朝上，置于嘴前，如持话筒动作，头左右微晃 （二）一手拇指、食指相捏，其他三指伸直，掌心向外，仿美国手语"OK"手势
（一） （二）	乐队 （一）双手伸食指，在面前做指挥奏乐的动作 （二）双手直立，五指分开，一前一后，排成一列

续表

图示	说明
	节奏 双手按3/4拍有节奏（即咚嗒嗒—咚嗒嗒）连续击掌，第一下重拍，第二、三下轻拍
	钢琴 双手五指边交替灵活按动，边左右移动，如弹钢琴状
（一）　（二）	曲艺 （一）左手中指、无名指、小指横伸；右手食指、中指、无名指、小指直立，搭成"曲"字形 （二）一手打手指字母"Y"的指式
（一）　（二）	话剧 （一）一手食指横伸，在嘴部前后转动几下 （二）双手伸拇指、小指，指尖相对，前后交替转动几下
（一）　（二）	戏剧 （一）一手模仿京剧演员捋胡须的动作 （二）双手伸拇指、小指，指尖相对，前后交替转动几下

文化、教育、体育与卫生

续表

图示	说明
（一）　（二）	排演 （一）双手直立，五指分开，一前一后，排成一列 （二）双手伸拇指、小指，指尖相对，前后交替转动几下
（一）　（二）	扮演 （一）双手在面颊部做擦粉动作 （二）双手伸拇指、小指，指尖相对，前后交替转动几下
（一）　（二）	造型 （一）双手握拳，一上一下，右拳向下砸一下左拳 （二）双手直立，五指微曲分开，掌心相对，同时左右转动一下
（一）　（二）	陶器 （一）左手横立，五指弯曲；右手食指指尖敲几下左手手背 （二）双手食指指尖朝前互碰一下，然后向两侧分开，并张开五指
（一）　（二）	游戏机 （一）双手伸出拇指、小指，顺时针平行交替转动几下 （二）双手五指弯曲，手背向外；食指、中指、无名指、小指关节交错相触，上下转动两下

续表

图示	说明
	风筝 左手斜伸，五指分开，掌心向右，置于头的左上方；右手在右下方，食指指尖对着左手掌，然后双手同时上下移动，如放风筝状
（一）　（二）	锦标赛 （一）双手五指相捏，指尖朝下，向前移动一下，表示锦旗 （二）双手伸出拇指，上下交替动几下
（一）　（二）	围棋 （一）左手伸出拇指、小指；右手直立，五指分开，掌心向内绕左手转半圈 （二）一手拇指、食指、中指虚捏，指尖朝下，向前移动两下，如走棋状
（一）　（二）	象棋 （一）一手食指微曲，指尖朝下，自鼻部向下伸，如大象鼻子 （二）一手拇指、食指、中指虚捏，指尖朝下，向前移动两下，如走棋状
（一）　（二）	对联 （一）双手食指直立，由两侧向中间微移一下 （二）双手拇指、食指张开，指尖朝前，间距约5 cm，然后自上而下移动

续表

图示	说明
（一）　　（二）	谜语 （一）一手打手指字母"M"的指式，在额前前后转一圈 （二）一手食指横伸，在嘴部前后转动几下
（一）　　（二）	进修 （一）一手拇指、食指相捏，边向前移动边张开两指 （二）双手斜伸，掌心向内，置于胸前，如读书状
（一）　　（二）	学制 （一）双手斜伸，掌心向内，置于胸前，如读书状 （二）双手直立，掌心相对，向左侧一顿一顿移动几下
（一）　　（二）	口语 （一）一手食指沿口部转一圈 （二）一手食指横伸，在嘴部前后转动几下
（一）　　（二）	自然 （一）一手食指直立，贴于胸部 （二）一手打手指字母"R"的指式

续表

图示	说明
(一)　(二)	考核 (一) 双手伸出拇指，上下交替动几下 (二) 双手平伸，掌心向上，由两侧向中间移动，并互碰一下
(一)　(二)	答案 (一) 一手直立，掌心向内，食指、中指、无名指、小指弯动一下 (二) 左手成"〔"形，虎口朝上；右手五指并拢，指尖朝下插入左手虎口内
(一)　(二)	实习 (一) 一手打手指字母"SH"的指式 (二) 一手五指撮合，按于前额
(一)　(二)	拼命 (一) 一手直立，掌心向内贴于额头，然后用力向上一挥 (二) 右手掌心按于胸部
(一)　(二)	喝彩 (一) 双手鼓掌 (二) 双手上举，五指张开，前后随意摇动几下，面露兴奋高兴表情

文化、教育、体育与卫生

续表

图示	说明
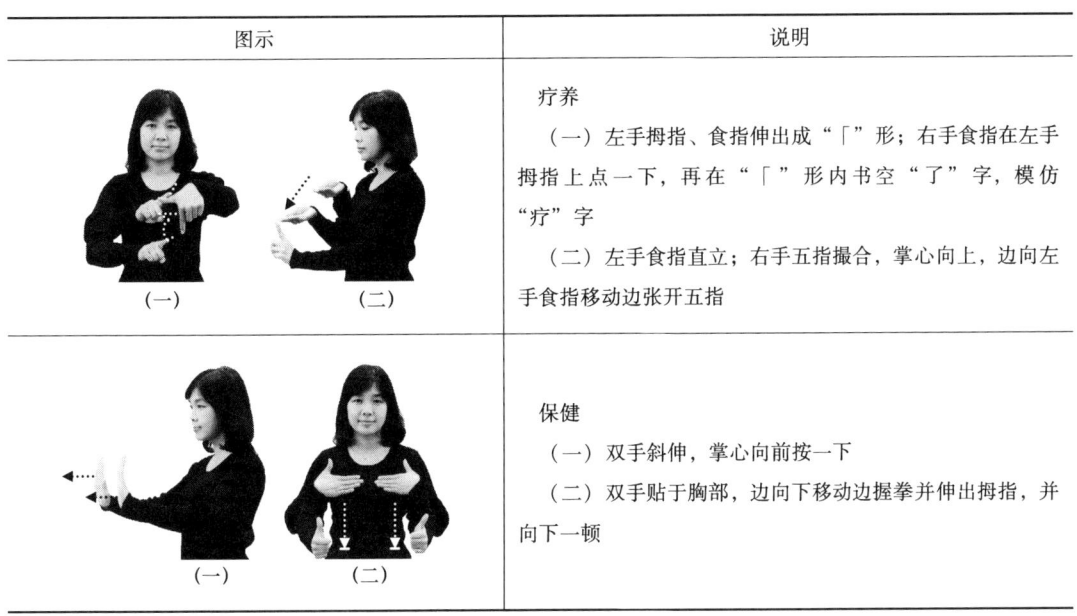	疗养 （一）左手拇指、食指伸出成"「"形；右手食指在左手拇指上点一下，再在"「"形内书空"了"字，模仿"疗"字 （二）左手食指直立；右手五指撮合，掌心向上，边向左手食指移动边张开五指
	保健 （一）双手斜伸，掌心向前按一下 （二）双手贴于胸部，边向下移动边握拳并伸出拇指，并向下一顿

短文

1. 当我们刚刚踏入职场时，真的不必过多考虑薪水、奖金等物质报酬，而应该注意工作本身带给我们的报酬。例如提升自己的能力、锻炼自己的意志、增加自己的社会经验、提高自己的社会交往能力、提升自己的人格魅力……那些微薄的薪水和奖金与这些实际让我们受用终生的能力相比，就显得无足轻重了。如果你能这样想，一方面老板支付给你的薪水报酬，另一方面你赋予了自己终生受益的黄金，可谓是双重受益了，这样你一定会爱上你的工作，并为其努力加油。请记住："能力比金钱更重要。"因为有了能力就不愁找不到更好的工作，不愁赚不到更多的金钱，而且能力不会遗失也不会被人偷去。

2. 开发专门针对不同残障学员的教学平台和资源，一定要根据残疾人的生理和心理特点，开发操作简单、交流方便、快捷的教学平台，平台要满足肢体残疾、听力残疾、言语残疾、视力残疾等各种类型的残疾人的不同学习需求，比如盲人可以通过读屏软件学习，聋哑人可以看到手语老师的翻译等。同时，我们要在网上课堂增加对残疾学员学习结果的反馈和评价，公平公正、正确及时地反馈和评价，能够更好地激发残疾学员学习的主动性和积极性。

课堂练习

一、会打、能看本节的词语和短文。

二、能根据手语视频录像笔译成汉语。

一粒纽扣

有个女孩用一个月的工资买了一件新衣服,穿上新衣,她愈发光彩照人。看着别人惊艳的眼神,她心中充满了自信,工作也有了长足的进步。

可是有一天她发现衣服上的一粒纽扣不见了,那是一种形态很奇特的纽扣,她翻遍了衣柜,也没能找见,便匆忙地换了一件衣服去上班。到了公司,她觉得每个人看她的眼神都怪怪的,看来没有了那件衣服,自己仍然是一个极平凡的女孩。她一整天工作都打不起精神,没有了平日的自信,头脑中总是想着那件衣服。

下班后,她在家里又寻找了一遍,依然是没有找到那粒纽扣,便难过地坐在地上,什么事都不想做。忽然,她想到为何不去商店里看看呢?也许可以买到呢!她兴奋地冲出家门,可是几乎跑遍了大小商店和制衣店,都没有卖那种纽扣的,她伤心到了极点。

从此,女孩初穿它时所带来的自信与热情已无影无踪,工作也消极起来。一天,一个朋友来访,偶然看到那件衣服,便惊问:"这么漂亮的衣服你怎么不穿呢?"她说:"你看,扣子丢了一枚,又买不到同样的。"朋友笑着说:"那你可以把其他的扣子都换了嘛!那不就一样了吗?"女孩闻言大喜,于是选了她最喜欢的扣子把其他的扣子都换了,衣服又美丽如初,而她也重拾了灿烂的心情。

我们常常因为一件事而使生活变得黯淡,就像那个女孩因为丢失了一枚扣子而放弃了美丽的衣服,从而也放弃了好的心情。在生活中,如果我们能用一种全新的心情去思考问题,用笑容去补缀缺失,那么生命一样会是完美而无悔的!

三、能听口语,用手语同步翻译短文。

开国大典

1949年10月1日,中华人民共和国中央人民政府成立典礼,即开国大典,在北京天安门广场隆重举行。中华人民共和国诞生了!中国的历史从此翻开了崭新的篇章。

下午2时,中国人民政治协商会议第一届全体会议选举产生的中央人民政府委员会在勤政殿举行第一次会议。中央人民政府主席毛泽东等56名中央人民政府委员会委员宣布就职。会议一致决议,宣布中华人民共和国中央人民政府成立,接受《中国人民政治协商会议共同纲领》为施政方针,向各国政府宣布中华人民共和国中央人民政府为中国唯一合法政府,愿与遵守平等、互利及互相尊重领土主权原则的任何外国政府建立外交关系。会议结束后,中央人民政府主席、副主席及各位委员集体出发,乘车出中南海东门,前往天安门城楼出席开国大典。

此时,参加开国大典的北京30万军民齐聚天安门广场,期待着伟大历史时刻的到来。

下午3时,中央人民政府委员会秘书长林伯渠宣布中央人民政府成立典礼开始。在群众的欢呼声中,毛泽东主席用洪亮的声音,向全世界庄严宣告:"中华人民共和国中央人民政府今天成立了!"顿时,广场上欢声雷动,群情激昂。在《义勇军进行曲》的雄壮旋律中,毛主席按动电钮,新中国第一面五星红旗冉冉升起。全场肃立,向国旗行注目礼。广场上,54门礼炮齐鸣28响,象征着中国共产党领导全国各族人民艰苦奋斗的28年光辉历程。

随即,毛主席向全世界宣读中央人民政府第1号公告,接着举行盛大阅兵式。朱德总司令在阅兵总指挥聂荣臻的陪同下,乘敞篷汽车检阅部队。检阅毕,朱德总司令回到主席台上宣读《中国人民解放军总部命令》。

随后,在全场经久不息的掌声和欢呼声中,中国人民解放军三军受阅部队列成方阵,迈着威武雄壮的步伐,由东向西分列式通过天安门广场。与此同时,刚刚组建的人民解放军空军的14架战斗机、轰炸机凌空掠过天安门广场,接受检阅。

阅兵式持续近3个小时,此时天色已晚,长安街华灯齐放,群众游行开始了。这一天,在全国已经解放的各大城市,都举行了隆重、热烈的庆祝活动。

中华人民共和国的成立,是中国有史以来最伟大的事件,也是二十世纪世界最伟大的事件之一,它结束了少数剥削者统治广大劳动人民和帝国主义奴役中国各族人民的历史,中国人民从此当家做主成为国家的主人,中华民族的发展从此开启了新的历史纪元。

四、能看手语,用口语同步翻译短文。

母爱

前不久的一天晚上,一位十五六岁的男孩被母亲送进医院急诊室,男孩一直在埋怨母亲。原来男孩刚才在参加毕业典礼晚会上,上台表演时不慎摔倒,眼眶正巧撞到了桌角上,弄伤了眼睛。起因是母亲给他买的一双新鞋防滑效果不好。此时,男孩的母亲内疚地任凭儿子责怪,值夜班的葛医生却安抚着情绪激动的男孩。幸好手术非常顺利,医生给男孩缠上了纱布后安排了住院,还建议他不要在强光下逗留太久。

当晚,班上所有的同学都来病房看望他,每人手里都捧着一支蜡烛,同学们的到来使病房里热闹极了。夜晚,同学们相约离别前,吹灭各自的蜡烛,并在蜡烛上用笔画出自己的名字,然后送给这位男同学。

他透过纱布,隐约地看到这些微弱的光亮,欣喜来自祝愿的一丝温暖。过了一段时间,大半的蜡烛相继熄灭,病房渐渐地暗了,男孩失落的声音有些哽咽。最后,只剩一支蜡烛在黑暗的夜色中强韧地散发着光亮。

那一夜,这支烛光和男孩做伴,一夜未断。翌日清晨,当葛医生帮他解开纱布时,男孩愣住了,他看到母亲累倒在隔壁病床上,手背上还留着几道鲜红的印记,是蜡烛油滴下来凝固而成的。噢!原来是母亲默默地陪伴了他一夜。

第 10 章

经 济

学习目标

掌握"经济"的基础手语动作

能够看懂"经济"的基础手语动作,并能传译成汉语

能够用手语进行"经济"的短文翻译;能够听口语,用手语同步翻译;并能传译成汉语

 技能要求

"经济"的基础手语动作共包括74个词语,详见表10—1。

表10—1　　　　　　　　"经济"的基础手语动作

图示	说明
(一)　　(二)	行业 (一)一手打手指字母"H"的指式 (二)右手食指、中指、无名指、小指直立;左手食指横于右手四指根部搭成"业"字形
(一)　　(二)	规格 (一)一手横立,由外向内一顿一顿移动几下 (二)双手五指分开,交叉搭成格子状,并向两侧斜上方微移一下
(一)　　(二)	流程 (一)一手横伸,掌心向下,向一侧做波浪状移动 (二)双手横立,左手在后不动,右手一顿一顿向前移动几下

续表

图示	说明
（一）　（二）	潜力 （一）左手横伸，掌心向下；右手食指指尖朝下，在左手掌下指一下 （二）一手握拳屈肘，向内用力弯动一下
（一）　（二）	产值 （一）左手成半圆形，虎口朝上；右手五指撮合，指尖朝上，边从左手虎口内伸出，边放开五指 （二）左手食指直立；右手食指横置于左手食指上，并上下微动几下
（一）　（二）	产量 （一）左手成半圆形，虎口朝上；右手五指撮合，指尖朝上，边从左手虎口内伸出，边放开五指 （二）一手直立，掌心向内，五指分开，手指微微抖动几下
（一）　（二）	品种 （一）双手拇指、食指捏成圆形，虎口朝内，左手在上不动，右手在下并由左向右移动一下，仿"品"字形 （二）一手拇指、食指、中指相捏，指尖朝下点动两下
（一）　（二）	种类 （一）一手拇指、食指、中指相捏，指尖朝下点动两下 （二）一手五指微曲张开，指尖朝上，边向下移动边撮合五指

图示	说明
（一） （二）	工序 （一）左手食指、中指与右手食指搭成"工"字形 （二）右手直立，掌心向左，向左侧一顿一顿移动几下
（一） （二）	制图 （一）左手横伸；右手食指、中指分开，食指尖抵于左手掌心，中指转动半圈，如用圆规画图 （二）左手横伸，掌心向上；右手手背在左手掌心上抹一下
（一） （二）	描图 （一）左手横伸，掌心向下；右手如握铅笔状，沿左手指尖曲折移动 （二）左手横伸，掌心向上；右手手背在左手掌心上抹一下
（一） （二）	实验 （一）一手打手指字母"SH"的指式 （二）一手食指、中指直立并分开，掌心向内，在眼前交替点动几下，表示试试看之意
（一） （二）	验收 （一）双手拇指、食指、中指相捏，指尖朝下，在胸前上下交替移动几下 （二）双手平伸，掌心向上，由外向内边移动边握拳

经　济

续表

图示	说明
	器材（设备） （一）双手五指弯曲，食指、中指、无名指、小指关节交替相触，并转动几下，如机器齿轮转动 （二）双手食指指尖朝前互碰一下，然后向两侧分开，并张开五指
	制造 （一）左手握拳在下；右手打手指字母"ZH"的指式在上，然后向下砸一下左拳 （二）双手握拳，一上一下，右拳向下砸一下左拳
	模型 双手五指微曲，掌心相合，上下翻转几次，如翻砂铸模型之状
	仪表 左手拇指、食指张开成半圆形，指尖朝下；右手食指直立，在左手下左右摆动几下，如仪表指针显示状
	变压器 （一）一手食指、中指直立并分开，由掌心向外翻转为掌心向内 （二）一手食指书空"彡"形 （三）双手平伸，掌心向下，先平行向两侧微移再折而向下

续表

图示	说明
（一）　（二）	金属 （一）左手握拳，手背向上；右手伸食指点一下左手无名指根部 （二）左手直立，五指微曲；右手食指直立并靠向左手，左手五指同时并拢
（一）　（二）	沥青（柏油） （一）一手打手指字母"H"的指式，并摸一下头发 （二）一手打手指字母"Y"的指式，拇指朝下顺时针平行转一圈
	陶瓷 左手五指成半圆形，手背向外；右手食指指尖敲几下左手背，如检验陶瓷质量
（一）　（二）	施工 （一）双手五指成"[ ]"形，交替上叠，如砌砖动作 （二）左手食指、中指与右手食指搭成"工"字形
（一）　（二）	起程（出发） （一）双手平伸，掌心向上，同时向上抬起 （二）一手食指、中指叉开，指尖朝下，一前一后交替向前移动

续表

图示	说明
（一）　（二）	托运 （一）双手平伸，掌心向上，同时向前上方伸出 （二）双手横伸，掌心向上，五指微曲，由两侧向中间交叉移动，如运输车辆来往
（一）　（二）	行李 （一）一手握拳下垂做提重物状，然后一顿一顿向前移动几下 （二）双手食指指尖朝前互碰一下，然后向两侧分开，并张开五指
（一）　（二）	规划 （一）一手横立，由外向内一顿一顿移动几下 （二）左手横伸，掌心向下；右手五指并拢，指尖朝下沿左手小指边缘划一下
（一）　（二）	财政 （一）一手拇指、食指捏成小圆圈，微动几下，表示钱币 （二）一手打手指字母"ZH"的指式
（一）　（二）	金融 （一）一手食指点一下另一手无名指根部，表示金 （二）双手拇指、食指捏成圆圈，前后交替转动几下，象征货币流通，引申为经济

续表

图示	说明
（一）　（二）	港币 （一）一手五指弯曲，指尖对着鼻部做几次张合动作 （二）一手拇指、食指捏成圆形，微微晃动几下
（一）　（二）	日元 （一）双手拇指、食指张开，相距约5 cm，边向两侧做弧形移动边捏合两指，仿日本国状 （二）一手拇指、食指捏成圆形，微微晃动几下
（一）　（二）	美元 （一）双手五指分开，斜向交叉，手背向外，并顺时针平行转一圈 （二）一手拇指、食指捏成圆形，微微晃动几下
	欧元 左手打手指字母"C"的指式；右手食指、中指横伸，掌心向内，置于左手虎口中间，仿欧元符号的形状
（一）　（二）	卢布 （一）右手食指横伸出，手背向上，贴于颌下，并向右平行移动 （二）一手拇指、食指捏成圆形，微微晃动几下

经　济

续表

图示	说明
	贸易 双手横伸，掌心向上，前后交替转动几下，表示货物买卖流通之意
（一）　　（二）	海关 （一）双手横伸，掌心向下，往两侧做波浪形移动 （二）双手直立，掌心相对，然后向外转动90°，双手并排，掌心向外
（一）　　（二）	引进 （一）一手食指弯曲如钩，指尖朝上，由外向内移动 （二）一手伸拇指、小指，指尖朝内移动一下
（一）　　（二）	资金 （一）双手横伸，掌心向下，五指分开，拇指抵于胸两侧，其他手指扇动几下 （二）一手拇指、食指捏成小圆圈，微动几下，表示钱币
（一）　　（二）	经费 （一）双手拇指、食指捏成圆圈，前后交替转动几下，象征货币流通，引申为经济 （二）一手拇指、食指捏成小圆圈，微动几下，表示钱币

图示	说明
（一）　（二）	支票 （一）左手横伸，掌心向上；右手拇指、食指如握笔状在左手掌心上画几个"0"，如在填写钱数 （二）双手拇指、食指张开，指尖相对，如支票宽度，由中间向两边微拉
	账（账目） 左手横伸，掌心向上；右手拇指、食指、中指指尖朝下，做打算盘动作，目光同时左右移动
（一）　（二）	财务 （一）一手拇指、食指捏成小圆圈，微动几下，表示钱币 （二）右手掌拍一下左肩部
（一）　（二）	经营 （一）双手拇指、食指捏成圆圈，前后交替转动几下，象征货币流通，引申为经济 （二）双手侧立，掌心相对，同时向左侧一顿一顿移动几下
（一）　（二）	成本 （一）左手横伸；右手掌拍一下左手掌，然后伸出拇指 （二）一手打手指字母"B"的指式

续表

图示	说明
(一) (二)	差额 (一) 双手平伸，掌心向下，左手不动，右手向下一沉 (二) 左手直立，掌心向内，五指交替抖动；右手食指指尖朝下，在左手上绕一圈
(一) (二)	裁减 (一) 左手横立；右手在左手掌心内向下刮两下 (二) 双手直立，掌心向外，然后五指逐渐并拢
(一) (二)	执照 (一) 一手打手指字母"ZH"的指式 (二) 双手侧立，掌心相贴，然后左右打开，表示证件
(一) (二)	注册 (一) 左手横伸；右手中指、无名指、小指指尖朝下，在左手掌心上点一下 (二) 左手食指、中指、无名指、小指分开，指尖朝下，手背向外；右手食指横在左手四指中间，仿"册"字形
	种植 左手拇指、食指捏成圆形；右手拇指、食指、中指相捏，指尖朝下插入左手虎口内

图示	说明
（一）　（二）	种子 （一）左手拇指、食指捏成圆形；右手拇指、食指、中指相捏，指尖朝下插入左手虎口内 （二）一手食指书空"子"字形
（一）　（二）　（三）	庄稼（农作物） （一）双手五指弯曲，掌心向下，向后移动几下，如耙地动作 （二）左手拇指、食指捏成圆形；右手拇指、食指、中指相捏，指尖朝下插入左手虎口内 （三）双手食指指尖朝前互碰一下，然后向两侧分开，并张开五指
（一）　（二）	高粱 （一）一手横伸，掌心向下，高举过头 （二）双手直立，五指微曲，掌心相合，如高粱穗形状
	蘑菇 左手横伸，掌心微曲向下；右手五指撮合，指尖朝上抵住左手掌心，如蘑菇形状
（一）　（二）	木耳 （一）双手拇指、食指搭成圆形，同时向上移动 （二）一手食指指耳部

续表

图示	说明
（一） （二）	银耳 （一）左手握拳；右手打手指字母"Y"的指式，以腕部碰一下左拳 （二）一手食指指耳部
（一） （二）	茭白 （一）双手拇指、食指捏成圆形，叠在一起，右手不动，左手向上移，如茭白外形 （二）左手横伸，手心向下；右手掌从左手背上向外划出，并打手指字母"B"的指式
（一） （二）	四季豆 （一）左手握拳，手背向外；右手食指在左拳四个骨节上各点一下，表示四季 （二）一手拇指、食指捏成一小圆形
	萝卜 双手五指成半圆形，叠在一起，左手往上移，右手往下移并逐渐收拢五指，仿长萝卜外形
（一） （二）	百合 （一）一手食指直立，向一侧挥动一下 （二）双手五指微曲，掌心相对，由两侧向中间合拢

续表

图示	说明
(一) (二) (三)	哈密瓜 (一) 一手打手指字母"H"的指式 (二) 一手打手指字母"M"的指式 (三) 双手五指弯曲,指尖相对,从中间向两侧移动,如椭圆形
(一) (二)	核桃 (一) 双手抱拳,象征果实的硬核 (二) 一手拇指、食指捏成圆形
(一) (二)	荔枝 (一) 一手打手指字母"L"的指式 (二) 左手拇指、食指捏成小圆形,仿荔枝的外形;右手做剥皮动作
(一) (二)	鲳鱼 (一) 一手打手指字母"CH"的指式 (二) 一手横立,手背向外,向一侧做曲线移动,如鱼游动状
(一) (二) (三)	黄花鱼 (一) 一手打手指字母"H"的指式 (二) 一手五指撮合,指尖朝上,然后张开五指 (三) 一手横立,手背向外,向一侧做曲线移动,如鱼游动状

图示	说明
（一）　（二）	乌贼 （一）一手打手指字母"W"的指式 （二）一手手背贴于前额，五指分开随意点动几下，仿乌贼的触手
	储存 左手成半圆形，指尖朝下；右手成"]"形，插入左手虎口内
（一）　（二）	利率 （一）一手打手指字母"L"的指式 （二）左手食指横伸；右手直立，掌心向内，五指分开，交替点动几下
（一）　（二）	保值 （一）双手斜伸，掌心向下按一下 （二）左手食指直立；右手食指横于左手食指，并上下移动几下
（一）　（二）	审计 （一）左手伸拇指、小指；右手食指、中指分开，绕左手拇指转一圈 （二）双手直立，掌心向内，手指交替点动，同时双手互碰一下

续表

图示	说明
（一）　　（二）	总务 （一）双手五指张开，指尖朝下，边向上移动边撮合五指 （二）右手手掌拍一下左肩部
（一）　　（二）	代理 （一）双手食指直立，然后交叉换位 （二）双手侧立，掌心相对，同时向左侧一顿一顿移动几下
（一）　　（二）	投资 （一）左手成半圆形，虎口朝上；右手五指撮合，指尖朝下向左手半圆形做投物状 （二）一手拇指、食指相捏成圆形，微微晃动几下
（一）　　（二）	物资 （一）双手食指指尖朝前互碰一下，然后向两侧分开，并张开五指 （二）一手打手指字母"Z"的指式
	积累 双手横伸，掌心相贴，左手在下不动，右手向上移动，表示积累之意

续表

图示	说明
 （一）　　　　（二）	实惠 （一）左手食指横伸；右手食指、中指相叠，敲一下左手食指 （二）一手五指撮合，掌心向上，向前伸出，同时张开五指

短文

1. 美国有一个教育家曾叙述过他如何寻找幸福。他先从知识里找幸福，得到的只是幻灭；从旅行里找，得到的只是疲倦；从财富里找，得到的只是争斗与忧愁；从写作中找，得到的只是劳累。直到有一天，他在火车站看见一辆小汽车里坐着一位年轻妇女，怀里抱着一个熟睡的婴儿。一位中年男子从火车上下来，径直走到汽车旁边，他吻了一下妻子，又轻轻地吻了婴儿，生怕把孩子惊醒。然后，这一家人就开车离去了。这时他才惊奇地发现什么是真正的幸福。他高兴地松了口气，从此懂得：生活的每一正常活动都带有某种幸福，幸福来源于生活，幸福就在你的身边。

这个故事告诉我们，做人做事都要有平常心，要学会从生活中的每一角落发现乐趣和意义。太刻意地寻找反而得不到圆满的成功。请不要让幸福在你身边悄悄地逃走，你只要伸出热情的手就一定能把握住。

2. 《残疾人保障法》立法宗旨有三。一是维护残疾人的合法权益。这是制定本法的重要目的，也是本法的主要内容。对残疾人享有的合法权益通过专门的立法加以保护，这是由残疾人的特殊性和特别困难的状况决定的。通过立法保障残疾人的合法权益是国家和社会的责任。二是发展残疾人事业。残疾人事业是为残疾人服务，解决残疾人问题，改善残疾人状况，促进残疾人"平等、参与、共享"的综合性社会事业。残疾人事业内涵丰富，涉及面广，包括康复、教育、劳动就业、文化、体育、福利、环境以及残疾人组织的建设，业务渗透各领域，工作涉及各部门。本法是权益保护法与事业促进法的结合，既保护残疾人的权益，又指导残疾人事业的发展；通过发展残疾人事业，保护残疾人权益，改善残疾人状况。三是促进残疾人平等充分地参与社会生活，共享社会物质文化成果。这是制定本法的根本目的，也是残疾人事业的崇高目标。具体说就是保障残疾人的权利，尊重残疾人的价值，发挥残疾人的潜能，使他们以平等的权利、均等的机会充分参与社会生活，共享社会物质文化成果。

手语翻译人员（高级）

课堂练习

一、会打、能看本节的词语和短文。

二、能根据手语视频录像笔译成汉语。

猫和老鼠

很久以前，猫和老鼠是很好的朋友，一起玩，一起睡觉……但是有一次，老鼠欺骗了猫，从此猫和老鼠就成了敌人。老鼠骗了猫什么呢？原来有一次猫和老鼠计划偷取猫主人家里的牛奶，因为老鼠的反应能力强，而猫却是笨手笨脚的，于是它们约好在第二天的中午，等猫主人午睡时下手。首先，老鼠骑着猫来到冰箱前，猫把冰箱的门打开，然后让老鼠钻进冰箱里去。老鼠把牛奶都搬出来，让猫运进屋子里最黑暗的地方。谁知道，老鼠竟然欺骗猫，拿了一个装着面粉的罐子，放在猫的头上，那么猫就看不见里面装了什么，于是猫把那"牛奶"搬进屋子最黑暗的地方。其实老鼠在猫搬运"牛奶"时爬到了猫的身上，等猫一进去那黑暗的地方，再"砰"地一下把门关上，再回到冰箱独自享受美食。老鼠吃饱后不小心把牛奶瓶踢倒了，把猫主人给吵醒了，老鼠快速地逃跑，猫却刚刚破门而出。猫被主人狠狠地教训了，觉得自己受了委屈，猫看见了冰箱地板下的牛奶汁，心里就已经知道是老鼠做的，从此以后猫一见到老鼠就想把它吃掉。

三、能听口语，用手语同步翻译短文。

在浓浓的艺术氛围里迎世博

几乎每一届世博会，都会留下标志性建筑，凝聚了主办国的历史文化积淀和新的文化创造。可以说，除了这些建筑的功能，更为人称道的往往是它们的文化价值和象征意义。由此一事便能明白，主办国的文化展示能力、文化创新能力和文化氛围营造，对办成一届成功精彩难忘的世博会有多么重要。我们有理由相信，中国馆和它未来的馆名，一定也会给世界留下深刻印象。

现代城市的空间总拥挤着建筑，如何在钢筋水泥的森林中营造出柔性的、温暖心灵的氛围是世界性的难题。人性化的城市空间，要让人生活得安全、健康、便利，还要让人感到生活是丰富的、有美感和有意义的，能让人产生愉悦感和幸福感，而这种心情享受，多半由"艺术"来创造。城市的艺术水准和文化气质写在城市的"脸"上。

利用公共空间营造艺术氛围，是国际上许多城市的共同追求。上海世博会将宾客云集，如何充分利用城市的文化资源、城市的公共空间，为来客更为上海本地居民营造身边的艺术世界，值得研究。上海可以利用且需要打扮的公共空间很多，除了虹桥、浦东国际机场的航站楼，两个主要火车站，还有轨道交通的几百个车站、公园绿地、住宅区和商务楼宇区域的大小广场等。营造艺术氛围，对于快节奏的城市生活是一种有效的调节，有时甚至会有意外效果。

公共空间可以展示各种艺术作品和艺术元素，它不仅可以借展博物馆、艺术馆藏品，举办传统绘画、书法、雕塑等创作者个展，还可以创新现代电子艺术、数码艺术作品等。以令人愉悦的视听享受避免宣传的生硬，利用公共空间让艺术融入生活，在浓浓的艺术氛围里迎世博，上海可以做得更好。

四、能看手语，用口语同步翻译短文。

特殊的语言

聋人的手势语是聋人的一种语言交际工具，它是为所有的聋人服务的。它同人的生产活动直接联系，也是人们在长期的社会实践中形成、发展起来的。聋人的手势语与他们的思维直接联系，有它的基本词汇和某些特殊的语法规则。

手势语属于手语范畴，手语除了手势语之外，还包括手指语（或指语）。手势语与手指语是两种不同的东西，只是由于两者都以手传递信息，所以才被统一到手语的范畴。

手势语是聋人利用手的动作和面部表情进行交往，达到相互理解目的的一种表达系统，也称表情手势语，俗称"哑语""手势"。

《中国手语》正、续两本共录入手语词汇单词5 672个，句法规则比较简单，手语的发展对本民族的有声语言有依赖性，但是它仍然是一种独立的、特殊的语言。

第 11 章

数学、物理、化学与信息学

手语翻译人员（高级）

 学习目标

掌握"数学、物理、化学与信息学"的基础手语动作

能够看懂"数学、物理、化学与信息学"的基础手语动作，并能传译成汉语

能够用手语进行"数学、物理、化学与信息学"的短文翻译；能够听口语，用手语同步翻译；并能传译成汉语

 技能要求

"数学、物理、化学与信息学"的基础手语动作共包括22个词语，详见表11—1。

表11—1　　　"数学、物理、化学与信息学"的基础手语动作

图示	说明
（一）　（二）	比例 （一）左手五指朝上交替点动；右手食指在左手边上下点两下，表示比号；然后右手五指朝上交替点动几下，模仿"比"的算式 （二）一手打手指字母"L"的指式
（一）　（二）	集合 （一）一手食指指尖朝前，在面前画一个椭圆形 （二）双手直立，掌心相对，五指微曲，从两侧向中间合拢
（一）　（二）	优化 （一）一手伸出拇指，向上一挑 （二）一手打手指字母"H"的指式，并平行微移一下

续表

图示	说明
	合并 左手食指、中指直立并分开,手背向外;右手拇指、食指将左手食指、中指捏拢
(一)　(二)	超额 (一) 双手食指直立,左手不动,右手向上移动 (二) 左手直立,掌心向内,五指分开交替点动几下;右手食指指尖朝下在左手上方绕一圈
(一)　(二)	额外 (一) 左手直立,掌心向内,五指分开交替点动几下;右手食指指尖朝下在左手上方绕一圈 (二) 左手横伸,手背向外;右手伸食指,指尖朝下,在左手背外向下指一下
(一)　(二)	物理 (一) 双手食指指尖朝前互碰一下,然后向两侧分开,并张开五指 (二) 一手打手指字母"L"的指式
(一)　(二)	微观 (一) 一手食指指尖朝下,在胸前划一个小圆,表示一个小的范围 (二) 一手食指、中指分开,指尖朝前,从眼部向前指一下

图示	说明
（一）　　（二）	宏观 （一）一手食指指尖朝下，在胸前划一个大圆，表示一个相当大的范围 （二）一手食指、中指分开，指尖朝前，从眼部向前指一下
（一）　　（二）	原理 （一）一手拇指、食指捏成小圆形，虎口朝上。"圆"同"原"同音，借代 （二）一手打手指字母"L"的指式
（一）　　（二）	功率 （一）左手食指、中指与右手食指搭成"工"字形，右手食指再在左手旁边书空"力"字，仿"功"字形 （二）左手食指横伸；右手直立，手背贴于左手食指，五指分开交替抖动几下
（一）　　（二）	强度 （一）双手握拳屈肘，然后向下一顿 （二）左手食指直立；右手食指横伸，贴于左手食指并上下移动
	照明 双手五指先撮合，指尖朝下，然后张开五指（可根据实际用一只手打手势）

续表

图示	说明
	辐射（放射） 左手直立，掌心向右，五指分开；右手五指撮合，边向左手移动边放开五指，并插入左手指缝间，表示辐射穿透物体
	融化 双手五指成"[ ]"形，指尖相对，然后缓缓相捏，再张开五指
（一）　（二）	磁铁 （一）左手食指直立；右手打手指字母"C"的指式，然后向右移动，左手食指随之倾斜 （二）双手握拳，一上一下，右拳向下砸一下左拳，然后向里移动
（一）　（二）	电压 （一）一手食指做"⚡"形挥动 （二）左手握拳，虎口朝上；右手横伸，掌心向下，置于左手上并向下一压
	噪声 一手五指尖对着耳部反复做撮合、张开的动作

续表

图示	说明
（一） （二）	结构 （一）双手拇指、食指互相套环 （二）双手横立，五指分开，指尖斜向交叉相互夹住
（一） （二）	成分 （一）左手直立，五指张开；右手食指直立，然后向左手靠拢，左手五指同时收拢 （二）左手弯曲张开，指尖朝上；右手侧立，在左手各指缝间轻轻插入
（一） （二）	结晶 （一）双手拇指、食指互相套环 （二）左手拇指、食指与右手食指搭成"日"字形，然后在下面连打两次，仿"晶"字形
（一） （二）	浓缩 （一）左手成半圆形，虎口朝上；右手食指、中指并拢，在左手内慢慢搅动 （二）双手五指微曲，指尖相对，由两侧向中间靠拢，如抱拳状

短文

1. 上海世博会提出"和谐"的城市发展理念，包括人与自然的和谐，历史、现在与未来的和谐，以及人与人的和谐。世博会的场地规划尝试并积极塑造这种"和谐城市"的范例。

人与自然的和谐：场地规划以跨越黄浦江两岸的滨江绿洲作为世博会场地的空间纽带

和形态核心，是展现上海世博会主题的一个重要方面，即人与自然的和谐。

历史与未来的和谐：世博会场地内的历史建筑和其他工业建筑遗产都将受到有效保护，并在世博会期间和世博会以后得到积极利用，此举发出了一个强有力的信号，即尊重人类历史和文化遗产，对于创建宜居的未来，是必不可少的。

人与人的和谐：为了追求人与人的和谐，上海世博会将创建各国人民交往的平台，通过各种庆典活动，采用最先进的信息传播技术，促进人与人之间、群体与群体之间的互动和沟通。

2. 美国有一个小学校长，为激励全校师生的读书热情，公开打赌：如果学生们在11月9日前读书15万页，他在9日那天爬行上班。

全校师生刻苦读书，终于在11月9日前读完了15万页书。有学生打电话问校长说话算不算数，校长回答："当然！等着瞧吧。"

11月9日早晨7点校长果真四肢着地开始爬行上班。为了安全和不影响交通，他不在公路上爬，而是在路边的草地上爬。过往汽车向他鸣笛致敬，有的学生索性和校长一起爬。

经过3个小时的爬行，校长磨破了5副手套，护膝也磨破了，但他终于到了学校，全校师生夹道欢迎自己心爱的校长。当校长从地上站起来时，孩子们蜂拥而上，抱他，吻他……

课堂练习

一、会打、能看本节的词语和短文。

二、能根据手语视频录像笔译成汉语。

将心比心

母亲给我讲过这样一件事，有一次她去商店，走在她前面的年轻妇女推开沉重的大门，一直等到她进去后才松开手。当母亲向她道谢时，那位妇女对母亲说："我的妈妈也和你的年纪差不多，我只是希望她遇到这种情况，也有人为她开门。"听了母亲说的这件小事，我的心温暖了许久。

一日，我患病去医院输液。年轻的小护士为我扎了两针也没有扎进血管里，眼见针眼泛起了青包。疼痛之时我正想抱怨几句，却抬头看到了小护士额头上布满了许多汗珠，那一刻我突然想起了我的女儿。于是我安慰她说："不要紧，再来一次！"第三针果然成功了，小护士终于叹了口气，她连声说："阿姨，对不起。我真该感谢你让我扎了三针。我是实习的，这是我第一次给病人扎针，太紧张了，要不是你的鼓励，我真不敢给你扎了。"我告诉她，我也有一个和她差不多大的女儿，正在医科大学读书，她也将有她的第一个患者，我真希望女儿第一次扎针也能得到患者的宽容与鼓励。如果我们在生活中多点将心比心的感悟，就会对老人生出一份尊重，对孩子怀有一份怜爱，会使人与人之间多一些宽容与理解，少一些计较与猜疑，那我们的社会就会更和谐了。

三、能听口语，用手语同步翻译短文。

加快旧区改造是当前最大民生工作

连日来，上海市委、市政府主要领导先后前往长宁、卢湾、黄浦、闸北等区，实地调研本市中心城区旧区改造工作进展。上海的高楼大厦背后还有不少居住条件很差的二级以下旧里甚至是危棚简屋，涉及中心城区 740 万 m^2、34 万户居民。加快旧区改造是广大人民群众的强烈呼声，是市委、市政府的重点工作之一，是当前上海经济社会发展大局中最大的民生工作。

8 月 27 日、9 月 1 日和 9 月 3 日，市领导先后察看了长宁区上钢十厂地块，卢湾区建国东路 390 地块，115 和 116 街坊，南部滨江旧区，黄浦区董家渡 13A、15A 地块，复兴东路两侧成片旧里，闸北区桥东二期、北广场三期，杨浦区大桥街道棚户区，普陀区建民村等二级以下旧里和危棚简屋，逐一听取这些地块的改造计划和推进情况汇报。

9 月 3 日上午，在上海市旧区改造工作领导小组第二次会议上，市长说，上海历届市委、市政府高度重视旧区改造工作，近 20 年来迈出四大步，共拆除二级以下旧里危棚简屋和旧厂房约 7 500 万 m^2，一大批群众居住条件得到了根本性改善，一大批企业获得重生。

今后几年，要继续把旧区改造作为上海下一步工作的重点，全市形成合力，全力以赴、坚定不移地推进。上海下一步旧区改造工作要明确一个目标、编制一个规划、实行一项制度、研究出台一批政策。要紧紧抓住旧区改造"十一五"目标，加快确定"十二五"目标。要抓紧编制上海市住房发展规划纲要，争取明年初广泛听取社会各界意见，让全社会进一步了解市委、市政府在上海住房保障工作中的目标、任务和工作步骤。要在全市推开阳光动迁制度，推行二次征询制，体现政策的透明性；坚持"数砖头"，体现政策的公平性；落实套型保底，体现政策体系的合理性；完善解困纳保，体现政策之间相互衔接；鼓励各区县结合自身实际探索各方参与机制，最终形成旧区改造动迁过程全透明、结果全公开的机制。要加快研究，尽快出台"一揽子"有利于加快推进旧区改造的政策举措，包括全面加快大型居住区建设、研究市区两级财政等各类资金支持旧区改造的新办法，进一步梳理完善推进旧区改造的政策法规等，实实在在做好这项党和政府为民办实事的民心工程。

四、能看手语，用口语同步翻译短文。

礼　物

"表姐要去美国留学了。"消息像长了翅膀似地传遍了亲朋好友的耳朵。春节里，亲朋好友来表姐家送礼的、道贺的特别多。

离表姐去美国的日子还剩三天了，我送表姐什么呢？书？不行。糖？不行。那么送本子？嗯，表哥已经送了。我一定要送表姐一件特殊的礼物。我早晨想，晚上想，吃饭也想，连做梦都想。终于在离表姐去美国还剩两天的时间里想出该送表姐一样什么礼物了：我要亲手为表姐绣一张中国地形图，地形图上方绣一个圆圆的月亮；再送一包家乡的泥土，让表姐记住月是故乡明，人是故乡亲。

这天晚上，我从家门前的花坛里挖了一些泥土放进自己做的绣花包内，又拿出针、线和一块黄色的布，开始绣中国地形图和金黄色的圆月。夜已深了，屋里屋外都静得出奇，妈妈已经睡着了，可是我一丝倦意也没有。到了半夜十二点多，我终于绣完了这像大公鸡似的中国地形图。接着，我拿出一支红笔，在首都北京的地方，画了一个红红的五角星。我想让表姐知道，到美国后，一定多看看中国的首都北京，多看看祖国母亲，不忘自己是龙的传人。

第二天我和妈妈乘快车去杭州机场为表姐送行。我把这件特殊的礼物送给了表姐。表姐先是一愣，接着好像明白了我送这两件礼物给她的意思，点头说："这是我收到过的最好的一份礼物，我会好好珍惜的。"

第 12 章

生　物

学习目标

掌握"生物"的基础手语动作

能够看懂"生物"的基础手语动作，并能传译成汉语

能够用手语进行"生物"的短文翻译；能够听口语，用手语同步翻译；并能传译成汉语

 技能要求

"生物"的基础手语动作共包括21个词语，详见表12—1。

表12—1　　　　　　　　　　"生物"的基础手语动作

图示	说明
（一）　　　（二）	遗传 （一）左手横立，掌心向内，五指分开；右手拇指、食指、中指撮合，自左手拇指起依次向下移动，象征代代相传 （二）双手食指一上一下，指尖斜向相对，同时向下移动
（一）　　　（二）	细胞 （一）一手打手指字母"X"的指式 （二）一手五指相捏成圆球形
	脂肪 左手横伸，掌心向下；右手五指成"]"形，贴于左手掌心下，并向指尖处移动

续表

图示	说明
（一）　（二）	细菌 （一）一手打手指字母"X"的指式 （二）一手食指横伸，边弯曲边向前移动两下
（一）　（二）	衰老 （一）左手横伸；右手伸拇指、小指，小指抵于左手掌心上，微微晃动几下 （二）一手在颌下做胡须状
	狐狸 一手五指弯曲，指尖对准嘴部，然后边向外移，五指边撮合成尖形，再变为指尖朝前，手腕转动几下
	犀牛 一手伸拇指、小指，指尖朝上，拇指背贴着鼻子，模仿犀牛牛角的形状
（一）　（二）	河马 （一）双手侧立，掌心相对，相距约 20 cm，向前做曲线形移动 （二）一手食指直立，虎口贴于太阳穴处，前后微动几下

续表

图示	说明
	长颈鹿 右手拇指、中指、无名指相捏，食指、小指直立，置于身体右上方；左手成半圆形，掌心向内，置于右手腕处，再向下一捋，表示长颈鹿的脖子
	企鹅 双手平伸，掌心向下，置于腰两侧，然后两手交替下按，身体随之左右摇摆，模仿企鹅走路状
（一）　（二）	蝙蝠 （一）左小臂侧抬，五指并拢，掌心向下；右手打手指字母"B"的指式，从左手指尖处划到腰部 （二）双小臂侧抬，双手并拢，掌心向下，扇动两下
（一）　（二）	海豚 （一）双手横伸，掌心向下，从中间分别向两侧做波纹形移动 （二）左手五指捏成圆形，表示球；右手五指撮合成尖形，向左做"∪"形移动并抵住左手，表示海豚戏球
（一）　（二）	鸵鸟 （一）一手五指撮合成尖形，指尖朝前，一起一伏向前移动，表示骆驼的头和走路的姿态 （二）一手拇指、食指先捏成尖形，手背贴于嘴上，指尖开合几下表示鸟嘴；然后双手侧伸，掌心向下，扇动几下

续表

图示	说明
	鹤 一手拇指、食指张开,指尖对着嘴部,边向下移动,指尖边缓缓捏合,象征鹤的长嘴(如表示丹顶鹤,先打"红"的手势,再一手五指虚撮置于前额上)
(一) (二)	乌鸦 (一)右手打手指字母"H"指式,并摸一下头发 (二)一手拇指、食指先捏成尖形,手背贴于嘴上,指尖开合几下表示鸟嘴;然后双手侧伸,掌心向下,扇动几下
	凤凰 左手拇指、食指相捏,其余三指张开,指尖斜向左前方;右手拇指弯曲贴于掌心,其他四指分开,自左手腕部向后做"V"形移动,表示凤凰的尾巴
	天鹅 一手伸出拇指、食指、小指,手背向上,然后边向前移动,拇指、小指边上下划动

图示	说明
	蜗牛 　　左手伸食指、小指，其他三指相捏，手背朝上；右手五指成半圆形，指尖朝下置于左手背上，然后双手向前缓缓移动，表示蜗牛爬行
（一）　　（二）	壁虎 　　（一）右手横立，由上而下移动，表示一堵墙 　　（二）双手直立，掌心向外，五指并拢，交替向上做爬行状，表示壁虎在墙上爬动
	蒲公英 　　左手食指直立；右手五指张开微曲，掌心向上，置于左手食指指尖，然后嘴向右手掌心做吹气动作，右手随之做螺旋上升状
（一）　　（二）	灵芝 　　（一）一手打手指字母"L"的指式，并左右晃动两下 　　（二）左手五指分开微曲，掌心向上；右手五指撮合，指尖朝上顶住左手背

短文

1. 健康是什么？健康是生命质量的体现。从生物学的角度来看，没有健康，生命便没有了质量。健康从何而来？世界卫生组织有明确的说法："健康主要来自健康的生活方式。"什么是健康的生活方式？世界卫生组织也有明确的说法："合理饮食、戒烟限酒、提倡运动、心理平衡。"在中国，我们把它称为"健康基石"，就是健康的基础。

现在提到健康，往往强调的是保养、强调的是休闲、强调的是如何规避压力……似乎保养皮肤、保养肠胃、养鱼种花、游山玩水、轻松地干活、避免压力，人就健康了。当然离退休同志可以这样做。不过，如果大家就这样，那么谁来建设中国特色的社会主义？所以，还应该提倡一个积极的健康观念。美味佳肴，控制着点儿吃；粗茶淡饭，只求营养齐全；既知吸烟有害健康，一定下决心戒掉；偶尔喝酒，切莫逞能贪杯；运动有益身心，需要养成习惯；遇事"一分为二"，心理自然平衡；视压力为动力，懦夫才选退却……这一切都表明，健康的得来，需要有坚强的意志。

2. 近年来，我国自然灾害频发，局部地区粮食减产已成定局，尽管总体粮食供应不存在严重失衡可能，但是局部、特定的时段内粮食供应紧张局面可能出现，粮食价格波动也难以避免。

长期以来，得益于农村改革和科技进步，我国已经有很长时间没有出现粮食严重短缺的局面，这种长时间的丰衣足食生活，使民众尤其是高收入群体民众和年青一代的节约粮食意识基本丧失，浪费粮食的现象比比皆是，十分严重。据一项粗略统计，我国浪费粮食的总量估计达到总产量的十分之一。

注意节约粮食教育，不仅仅是为了缓解粮食需求压力，同时也是培养民众高尚道德的一个部分，需要有关各方共同努力。

课堂练习

一、会打、能看本节的词语和短文。

二、能根据手语视频录像笔译成汉语。

法律服务与法律援助

各类法律服务机构和各级法律援助中心为残疾人提供优先、优质的法律服务和法律援助。全国有 3 330 多家律师事务所接受各级残联委托，集中为残疾人提供法律服务。全国有 1 051 个律师事务所、基层司法所、法律服务所、公证和法律援助中心被司法部、中国残联命名为残疾人维权示范岗，下一步将在其他部门推开残疾人维权示范岗活动。仅 2003 年，各地接受法律援助和服务的残疾人近 10 万人次，律师事务所、基层司法所、法律服务所调解涉及残疾人的纠纷21万多件，解答有关残疾人的法律咨询46万多人次。

中国残联还与司法部等政府部门、联合国发展计划署等国际组织合作，开展对各地的残疾人法律维权人员的培训工作，共培训各地残疾人法律维权人员近500人。

三、能听口语，用手语同步翻译短文。

办好特殊教育

全国特殊教育工作电视电话会议于1月27日在京召开，国务院总理李克强做出重要批示，批示指出"办好特殊教育，对于保障残疾人平等参与社会的权利、增加残疾人家庭福祉和促进社会公平正义具有十分重要的意义，也是教育现代化的重要内容。各级政府要高度重视，带着深厚的感情，履职尽责，特教特办，认真实施好特殊教育提升计划，让残疾孩子与其他所有人一样，同在蓝天下，共同接受良好的教育"。国务院副总理刘延东出席会议并讲话，她强调，要认真贯彻落实李克强总理重要批示精神，以改革创新推动特殊教育发展，提升特殊教育水平，进一步保障残疾人受教育的权利。

刘延东指出，在党中央、国务院高度重视和各方共同努力下，我国特殊教育事业成绩显著，为广大残疾儿童少年点亮了人生希望，增进了残疾人福祉与社会和谐。刘延东强调，教育是残疾人打开幸福之门的基础途径，特殊教育是一项神圣事业。要推行没有排斥、没有歧视的全纳教育理念，加快构建布局合理、学段衔接、普职融通、医教结合的特殊教育体系，促进残疾孩子快乐成长，实现人生价值。要多措并举提高特教学校培养能力，扩大普通学校随班就读规模，努力使每一个残疾孩子都能接受合适的教育。要加强特殊教育教材建设、教学改革和教师培养培训，注重学生潜能开发和功能补偿，不断提升教育教学质量，为残疾孩子提供个别化的教育和康复服务。要加大投入力度，提高生均公用经费标准，健全覆盖所有残疾学生的资助体系，提高特殊教育保障水平。要在全社会弘扬人道主义精神和中华传统美德，鼓励引导更多社会力量关心支持特殊教育，为残疾人全面融入社会创造更好条件。

四、能看手语，用口语同步翻译短文。

曾子杀猪

一个晴朗的早晨，曾子的妻子梳洗完毕，换上一身干净整洁的蓝布新衣，准备去集市买一些东西。她出了家门没走多远，儿子就哭喊着要跟着去。孩子小，集市离家又远，带着他很不方便。因此曾子的妻子对儿子说："你回去在家等着，我一会儿就回来。你不是爱吃酱汁烧的蹄子吗？我回来以后杀了猪就给你做。"她儿子一听，立即安静下来。曾子的妻子从集市回来时，还没跨进家门就听见院子里捉猪的声音。她进门一看，原来是曾子正准备杀猪给儿子做好吃的。她急忙上前拦住丈夫说道:"家里只养了这几头猪,都是过节时才杀的。你怎么拿我哄孩子的话当真呢?"曾子说:"在小孩面前是不能撒谎的,他们年幼无知,经常从父母那里学习知识,听取教诲。如果我们现在说一些欺骗他的话,等于是教他今后去欺骗别人。这样一来,你就很难再教育好自己的孩子了。"曾子的妻子觉得丈夫的话很有道理。没过多久,曾子的妻子就为儿子做好了一顿丰盛的晚餐。曾子用言行告诉人们,为了做好一件事,即使是对孩子,也应言而有信,身教重于言教。

第 13 章

天文与地理

手语翻译人员（高级）

 学习目标

掌握"天文与地理"的基础手语动作

能够看懂"天文与地理"的基础手语动作，并能传译成汉语

能够用手语进行"天文与地理"的短文翻译；能够听口语，用手语同步翻译；并能传译成汉语

 技能要求

"天文与地理"的基础手语动作共包括 48 个词语，详见表 13—1。

表 13—1 "天文与地理"的基础手语动作

图示	说明
（一）　（二）	宇宙 （一）左手握拳，手背向上，右手五指张开并微曲，绕左拳转动，表示地球外空间 （二）一手食指直立，在头前上方转动一圈
（一）　（二）	分布 （一）左手横伸；右手侧立在左手掌心上，并左右拨动一下 （二）双手平伸，掌心向下，同时向两侧按动几下
（一）　（二）	矿藏 （一）一手打手指字母"K"的指式 （二）左手横伸，手背拱起，掌心向下；右手平伸，掌心向下，插入左手掌内

204

续表

图示	说明
（一） （二）	资源 （一）一手打手指字母"Z"的指式 （二）左手横伸，手背拱起，掌心向下；右手平伸，掌心向下，插入左手掌内
	非洲 一手五指张开，掌心贴在前额，由上而下移动（此为国际手语）
	大洋洲 右手拇指、食指捏成圆形，虎口贴于左肩部，然后向右腰部做弧形移动（此为国际手语）
（一） （二）	北美洲 （一）右手直立，掌心向左，置于胸前正中 （二）右手食指、中指、无名指、小指弯曲，指尖朝左，与手掌成直角，置于右肩前，然后向左下方做弧形移动（此为国际手语）
（一） （二）	南美洲 （一）右手五指并拢，掌心向左，指尖朝下，置于腹前 （二）右手食指、中指、无名指、小指弯曲，指尖朝左，与手掌成直角，置于右肩前，然后向左下方做弧形移动（此为国际手语）

续表

图示	说明
	太平洋 （一）一手食指书空"太"字 （二）双手平伸，掌心向下，同时向两侧移动 （三）双手横伸，掌心向下，向两侧做波浪形移动
	印度洋 （一）一手伸出拇指，指尖抵于眉心处 （二）双手横伸，掌心向下，向两侧做波浪形移动
	大西洋 （一）双手侧立，掌心相对，同时向两侧移动 （二）右手横立，指尖朝左 （三）双手横伸，掌心向下，向两侧做波浪形移动
	北冰洋 （一）右手直立，掌心向左，置于胸前正中 （二）双手先握拳屈肘，在身体两侧微微抖动，然后双手成"〔〕"形，相对不动 （三）双手横伸，掌心向下，向两侧做波浪形移动
	印度尼西亚 右手食指、中指横伸分开，自左向右在胸部划两条波纹线（此为印度尼西亚手语）

续表

图示	说明
（一）　（二）	孟加拉 （一）右手五指张开，掌心向上，敲一下腰部 （二）右手五指张开，掌心向上，自腰部边向上移动边翻转手腕，掌心向下，五指微曲（此为国际手语）
	巴基斯坦 右手拇指、食指捏成小圆圈，虎口朝内，贴在右鼻孔下（此为国际手语）
	菲律宾 左手握拳，手背向上；右手食指、中指指尖分开，在空中划一个"？"号，然后中指指尖抵在左拳背上（此为国际手语）
	伊朗 左手横伸，掌心向上；右手伸出拇指，指尖倒立于左手掌心（此为国际手语）
	以色列 左手握拳置于左肩；右手手背贴于下颌，五指分开，上下交替点动（此为国际手语）

续表

图示	说明
	土耳其 右手拇指、食指成"]"形，置于额头上方（此为国际手语）
	丹麦 右手拇指、食指、中指分开，手背向外，在胸前自左至右做波纹线移动（此为国际手语）
	挪威 右手食指、中指直立，其他手指下捏，在胸前从左向右做"N"形划动（此为国际手语）
	瑞典 左手横伸，手背向上；右手五指张开捏住左手两侧，然后向上提起，同时五指捏在一起（此为国际手语）
	芬兰 右手食指弯曲如钩，掌心向内，指尖对准嘴部，前后移动两下（此为国际手语）

天文与地理

续表

图示	说明
	乌克兰 右手五指撮合，从上唇中央向右侧做曲线移动（此为国际手语）
	波兰 右手五指撮合，指尖朝内，贴在左胸部，然后向右胸部平行移动（此为国际手语）
	匈牙利 右手食指弯曲如钩，贴在右嘴角，然后向前下方做弧形移动（此为国际手语）
	奥地利 双手食指弯曲如钩，虎口朝内，手腕交叉置于胸前（此为国际手语）
	瑞士 右手伸食指，在胸前先横后竖，划"十"字（此为国际手语）

续表

图示	说明
	荷兰 双手五指成"［］"形，置于头顶两侧，然后边向下移动边撮合五指（此为国际手语）
	比利时 右手打手指字母"B"的指式，掌心向左，置于嘴前，然后向前一挥（此为国际手语）
	西班牙 右手虚握，手背向外，置于右腹部，然后移向左肩部，同时五指并拢伸直，掌心向外（此为国际手语）
	葡萄牙 右手伸食指，手背向上，指尖自前额沿鼻尖及嘴至胸部划出一条虚线轮廓（此为国际手语）
	意大利 右手拇指、食指成"］"形，虎口向上，指尖向前，自右胸部向下做曲线移动（此为国际手语）

续表

图示	说明
	希腊 双手伸出食指，指尖朝下，在腹部交叉搭成"X"形（此为国际手语）
	埃及 双手五指并拢，手背向上，指尖靠近头顶部两侧，向下斜移，象征埃及有名的金字塔及狮身人面像（此为国际手语）
（一） （二）	南非 （一）右手握拳横放胸前，手背向上 （二）右手伸拇指，拇指指尖对着鼻子（此为国际手语）
	澳大利亚 双手拇指、中指、无名指相捏，食指、小指直立，掌心向下，然后向前一跃，同时放开五指（此为国际手语）
	加拿大 右手握拳，拇指稍伸出，指尖朝上，置于右胸部，然后上下移动两下，如背猎枪状（此为国际手语）

续表

图示	说明
	墨西哥 右手食指、中指指尖朝下并拢,手背向外,贴在前额上,然后向右平行移动(此为国际手语)
	哥伦比亚 右小臂抬起,手侧立,指尖朝前;左手扶住右小臂(此为国际手语)
	阿根廷 右手伸拇指,其他四指微曲,指尖贴于右胸部,然后上下移动两下(此为国际手语)
	巴西 右手打手指字母"B"的指式,虎口向内,置于头前,然后向下做曲线形移动(此为国际手语)
	东京 双手伸拇指、食指,拇指相对,食指指尖朝上,掌心向外,从下向上动一下(此为日本手语)

图示	说明
	巴黎 双手食指、中指直立，指尖斜对，然后边向上移动边逐步靠近，模仿埃菲尔铁塔形状
	莫斯科 左手拇指、食指、小指直立，掌心向外；右手拇指、食指捏成小圆圈，置于左手食指指尖，模仿克里姆林宫宫顶建筑
	华盛顿 右手食指、中指、无名指张开，中指在上，食指、无名指在下成三角形，指尖对着右肩部，然后旋转移出，变为指尖朝上（此为美国手语）
	纽约 左手平伸，掌心向上；右手手背向上，拇指、小指伸出贴于左手掌心，前后移动两下（此为美国手语）
	悉尼 左手弯曲，指尖斜向左上方，手背向右；右手五指并拢弯曲，在左手旁连续从上而下划动两下，模仿悉尼歌剧院外观

短文

1. 在庆祝建党 90 周年的喜庆时刻，我们要清醒地看到，一些党员领导干部腐败现象仍然突出；一些党员干部的宗旨意识正在淡化；一些党员干部艰苦奋斗的作风正在弱化；党的基层组织涣散和干部队伍建设的问题仍然存在；推动科学发展还面临巨大挑战。我们更要看到，我们的工作与人民的期待还有不少差距，前进中还面临不少挑战和问题。不要让鲜花掌声淹没群众意见，不要让成绩数字掩盖存在的问题。

我们的党员干部，要牢记党的宗旨，要做一个幸福生活的创造者；要做一个解放思想、改革创新的开拓者；要做一个人民群众的贴心人；要做一个敢想会干为人民的实干家；要做一个遵纪守法、维护社会公平正义的模范。

2. 2013 年 10 月 31 日下午，中共中央总书记、国家主席、中央军委主席习近平在与全国妇联新一届领导班子成员集体谈话时指出，在革命、建设、改革各个历史时期，我们党始终坚持把实现妇女解放和发展、实现男女平等写在自己奋斗的旗帜上，始终把广大妇女作为推动党和人民事业发展的重要力量，始终把妇女工作放在重要位置，领导我国妇女运动取得了历史性成就，开辟了中国特色社会主义妇女发展道路。今天，我们面临的任务更加繁重，面向的目标更加远大，更需要我国广大妇女贡献智慧和力量。

课堂练习

一、会打、能看本节的词语和短文。

二、能根据手语视频录像笔译成汉语。

在爸爸的影响下

很小的时候，我在一次事故中跌坏了脚。于是我自卑，想避开所有的目光与问候。

爸爸也是一个残疾人，却用另一种态度去面对人生的不公。他经常参加各种体育活动，还积极鼓励我抛开怀疑，去接触外面的世界。

记得六年级的时候，学校组织同学游泳，我拿出一张医生证明，却被爸爸一手抢去，撕掉。我用发抖的声音喊："爸爸，你这是干什么？""你总是以医生证明做借口，实际上你是行的，你可以同正常人一样活动，一样微笑。"我的肩头一阵温暖，是爸爸的手。"孩子，其实是你自己在伤害自己。"我疑惑地抬起头，用泪眼去凝视爸爸，在他的脸上我找到了答案——一种从未有过的勇气与信心，这种勇气与信心使我第一次接触体育运动，并在爸爸的帮助下学会了游泳。

我那时是多么兴奋啊！拿着学校特别为我准备的荣誉证书，我笑了，第一次感到奇迹是可以自己创造的。

以后，跟随着爸爸，我学习了许多东西，如网球、羽毛球……爸爸还介绍我看了许多著作，比如《钢铁是怎样炼成的》《张海迪的故事》等。在爸爸的影响下，我终于明白：世界是五彩的、公正的，改变环境关键是靠自己。

三、能听口语，用手语同步翻译短文。

不变的价值

在一次讨论会上，一位著名的演说家没讲一句开场白，手里却高举着一张20美元的钞票。

面对会议室里的200多人，他问："谁要这20美元？"一只只手举了起来。他接着说："我打算把这20美元送给你们中的一位，但在这之前，请准许我做一件事。"他说着将钞票揉成一团，然后问："谁还要？"仍有人举起手来。

他又说："那么，假如我这样做又会怎么样呢？"他把钞票扔到地上，又踏上一只脚，并且用脚碾它。而后他捡起钞票，钞票已经变得又脏又皱。

"现在谁还要？"还是有人举起手来。

"朋友们，你们已经上了一堂很有意义的课。无论如何对待那张钞票，你们还是想要它，因为它并没有贬值，它依旧值20美元。人生路上，我们会无数次被自己的决定或碰到的逆境击倒，我们觉得自己似乎一文不值。但是无论发生什么或将要发生什么，在上帝的眼中，你们永远不会丧失价值。在他看来，肮脏或洁净，衣着齐整或不齐整，你们依然是无价之宝。"

生命的价值不依赖我们的所作所为，也不仰仗我们结交的人物，而是取决于我们本身！我们是独特的——永远不要忘记这一点！

四、能看手语，用口语同步翻译短文。

孤芳自赏的花

从前，有一个大花园。花园里面有许多的花朵，五彩缤纷，美丽极了！

春、夏、秋三个季节，园子里的花儿都开放着。然而，一到冬天，每当寒风呼啸，白色的雪花落下时，花儿们明白，它们该休息了。于是，劳累了大半年的花朵们，在冬季来临的那一刻，都愿意好好地睡上一觉。就这样，花儿们的家族靠着这种传统免去了一年一次的受冻。但每到此时，已没有游客来赞赏它们的美了。现在，已是秋末了，离冬天不远了，一株玫瑰站在那儿发呆。姐妹们问她怎么了，她说："我想我能够一直开放到冬天结束！"这话被其他花听到了，它们都只是摇着头说她傻："哎，傻啊！你的想法迟早会要了你的命啊！""是啊，千万别做傻事啊！"……姐妹们更是苦口婆心地劝她。但是，她已打定主意，无论别人怎么说都不肯改变。不久，冬天来了花儿们都沉睡了过去，而那朵想过冬的花，留了下来。她沾沾自喜地想，哈哈，太好了，现在，整个花园里就只剩下我一朵花了，人们会看到我的，我会因此得到更多的赞美……但是，并没有持续到第二天，花已冻得不行了。她是多么希望有人能够看她一眼啊！但她没有等到。因为第三天，她已经死了。

朋友，请记住，在做某些事情时，按照前辈们留下的经验去做是非常重要的，因为，那些都是有利无弊的！